Les enfants apprennent par l'exemple

Transmettre nos valeurs à nos enfants par l'exemple

Dorothy Law Nolte
Auteure du célèbre poème
Les enfants apprennent par l'exemple
et Rachel Harris

Préface de Jack Canfield
Co-auteur de *Bouillon de poulet pour l'âme*

Traduit de l'anglais par Louise Binette

Les éditions
Héritage inc.

Données de catalogage avant publication (Canada)

Nolte, Dorothy

    Les enfants apprennent par l'exemple

    Traduction de: Children learn what they live.

    ISBN 2-7625-1661-7

    1. Rôle parental. 2. Parents et enfants. 3. Éducation des enfants. 4. Exemple.
    I. Harris, Rachel. II. Titre.

HQ755.8.N6414 2003   306.874   C2003-941752-2

Graphisme et mise en pages : Jean-Marc Gélineau

Dépôts légaux : 4e trimestre 2003
Bibliothèque nationale du Québec
Bibliothèque nationale du Canada

ISBN : 2-7625-0000-0

Imprimé au Canada

LES ÉDITIONS HÉRITAGE INC.
300, rue Arran, Saint-Lambert (Québec) J4R 1K5
Téléphone : (514) 875-0327
Télécopieur : (450) 672-5448
Courriel : info@editionsheritage.com

Nous remercions le Conseil des Arts du Canada de l'aide accordée à notre programme de publication, ainsi que la SODEC et le ministère du Patrimoine canadien. Gouvernement du Québec – Programme de crédit d'impôt pour l'édition de livres – SODEC.

TABLE DES MATIÈRES

Les enfants apprennent par l'exemple

Si un enfant vit dans la critique, il apprend à condamner.

Si un enfant vit dans l'hostilité, il apprend à être agressif.

Si un enfant vit dans la peur, il apprend à être angoissé.

Si un enfant vit dans la pitié, il apprend à s'apitoyer sur lui-même.

Si un enfant vit dans le ridicule, il apprend à être timide.

Si un enfant vit dans la jalousie, il apprend à envier.

Si un enfant vit dans la honte, il apprend à se sentir coupable.

Si un enfant vit dans l'encouragement, il apprend à avoir de l'assurance.

Si un enfant vit dans la tolérance, il apprend à être patient.

Si un enfant vit dans la louange, il apprend à apprécier.

Si un enfant vit dans l'acceptation, il apprend à aimer.

Si un enfant vit dans l'approbation, il apprend à s'accepter.

Si un enfant vit dans l'attention, il apprend qu'il est bon d'avoir un but.

Si un enfant vit dans le partage, il apprend à être généreux.

Si un enfant vit dans l'honnêteté, il apprend à être authentique.

Si un enfant vit dans l'équité, il apprend à être juste.

Si un enfant vit dans la bonté et la considération, il apprend à respecter.

Si un enfant vit dans la sécurité, il apprend à avoir confiance en lui et en ceux qui l'entourent.

Si un enfant vit dans la gentillesse, il apprend que le monde est un endroit où il fait bon vivre.

Dorothy Law Nolte

DÉDICACES

Je dédie ce livre avec amour à tous les enfants de la vie.
Dorothy Law Nolte

*À ma fille, Ashley, qui m'a appris l'art d'aimer
et d'élever un enfant.*
Rachel Harris

REMERCIEMENTS

Nous tenons à exprimer toute notre gratitude à notre éditrice,
Margot Herrera, pour son précieux concours et ses nombreuses
idées tout au long de l'écriture de ce livre. Nous sommes
également reconnaissantes à Janet Hulstrand pour son attention
de tous les instants et ses ajouts judicieux au manuscrit.
Nos plus vifs remerciements à la conceptrice Nancy Gonzalez
ainsi qu'à notre agent, Bob Silverstein.

PRÉFACE

par Jack Canfield

Co-auteur de *Bouillon de poulet pour l'âme*
et de *Bouillon de poulet pour l'âme d'une mère*

J'ai découvert *Les enfants apprennent par l'exemple* au début des années soixante-dix, alors que je rédigeais un livre sur la façon d'améliorer l'estime de soi des enfants en classe. Je suis tout de suite tombé sous le charme de ce poème que j'ai fait photocopier à l'intention de tous ceux qui enseignaient à la même école que moi. Chaque ligne semblait contenir une déclaration que je savais, intuitivement, être la vérité. J'étais étonné de voir autant de sagesse émerger d'aussi peu de mots.

Jamais je n'aurais cru que je rencontrerais un jour l'auteure de ce poème. Quelques années plus tard, je fis pourtant la connaissance de Dorothy, ainsi que celle de son époux, Claude, lors d'une conférence sur la psychologie. Ils m'invitèrent gracieusement à leur chambre et m'accueillirent avec toute l'indulgence, la bonté, l'appui et la gentillesse dont Dorothy parlait dans son poème. Je n'oublierai jamais cette soirée. Je doute qu'ils aient même jamais pris conscience de toute l'influence que leur amour et leur bienveillance ont eue sur un jeune enseignant qui en était encore à ses premiers balbutiements en matière d'estime de soi, autant dans sa vie personnelle que lorsqu'il cherchait à apprendre à ses élèves à s'aimer et à s'accepter.

C'est dans *Les enfants apprennent par l'exemple* que j'ai puisé les principes directeurs qui m'ont guidé dans mes interactions avec mes élèves et, plus tard, avec mes trois fils. Comme pour tout principe de vie et d'éducation des enfants, il est plus facile d'en parler et d'écrire sur le sujet que de les mettre en pratique dans la vie de tous les jours.

Après avoir enseigné et animé des ateliers d'éducation des enfants pendant trente ans, j'en suis venu à croire que la majorité des parents désirent sincèrement être aimants, bons, compréhensifs, tolérants, honnêtes et justes avec leurs enfants. L'ennui, c'est que la plupart d'entre eux n'ont jamais suivi de cours pour apprendre les méthodes et les techniques spécifiques d'interaction, de communication et de discipline qui favorisent une éducation dans la compréhension, l'affection, l'honnêteté et la justice.

Je n'ai jamais connu un parent qui, à son réveil le matin, se soit tourné vers l'autre parent en disant: «Je viens de trouver quatre moyens formidables de détruire l'estime de soi de notre enfant. Nous pourrions le juger, le ridiculiser, le couvrir de honte et lui mentir. » Personne ne décide de blesser ses enfants délibérément, et pourtant, le résultat est souvent le même. Ça n'a rien d'intentionnel. C'est souvent par ignorance ou par crainte que les parents transmettent leurs propres préjugés ou complexes à leurs enfants.

C'est un geste qui demande du courage et du discernement que de délaisser les modèles négatifs et destructeurs qui peuvent gouverner inconsciemment nos interactions avec nos enfants, et de choisir de laisser toute la place à notre désir d'élever des enfants en bonne santé, heureux et équilibrés.

Dans *Les enfants apprennent par l'exemple*, Dorothy Law Nolte reprend chaque ligne de son poème devenu un classique et nous montre à tous, par le biais d'anecdotes et de mises en situation, comment mettre en pratique quotidiennement les préceptes fort utiles qu'il contient. Elle nous enseigne de main de maître, dans un langage simple et facile à comprendre, à être moins critique et plus tolérant, à moins condamner et à cultiver l'indulgence, à remplacer les paroles humiliantes par des encouragements et à bannir les sentiments hostiles au profit d'une attitude plus cordiale.

En outre, vous bénéficierez d'un avantage certain en lisant ce livre: en plus d'apprendre à devenir un parent plus efficace, vous améliorerez du même coup vos vies amoureuse et professionnelle. Les énoncés et les méthodes présentés dans cet ouvrage sont des principes universels favorisant, et ce, dans tous les domaines, des relations empreintes d'amour et de respect qui nous permettent de nous affirmer et de nous assumer en tant qu'individus. Je crois fermement que, si chacun adhérait à ces principes dans toutes ses relations interpersonnelles, il y aurait moins de violence et moins de guerres, moins de conflits et plus de productivité au travail, moins de dissipation et plus de temps pour apprendre dans les salles de classe. Moins de gens seraient incarcérés, assistés sociaux ou en cure de désintoxication. Je vous incite à présumer que la plupart des problèmes sur notre planète commencent à la maison. En devenant un meilleur parent, vous apporterez la plus solide contribution possible à la résolution des énormes et apparemment insolubles problèmes qui sévissent dans le monde à l'heure actuelle.

Peu importe vos compétences parentales aujourd'hui, vous êtes sur le point de vous lancer dans une aventure qui vous fera accéder à un niveau supérieur de magie. Quoi de plus satisfaisant que de savoir qu'on est en voie d'acquérir les outils nécessaires pour élever des enfants confiants, patients, reconnaissants, affectueux, généreux, francs, justes, respectueux, amicaux, des enfants qui ont de l'assurance et de l'ambition ? Imaginez un monde où chaque enfant grandirait et deviendrait un adulte pourvu de ces qualités. Pouvez-vous concevoir ce que serait Washington, D.C., si chaque politicien possédait ces qualités ? Moi, je le peux. Je sais que Dorothy le peut aussi. Je suis certain que c'est ce qui nous motive tous, nous qui gagnons notre vie en aidant les autres à «grandir», à poursuivre notre travail.

C'est un travail noble que le vôtre, celui d'être parent. Ne sousestimez jamais le pouvoir que vous avez d'assurer un avenir meilleur, non seulement à vos enfants, mais à chacun. Ce livre peut vous aider à devenir le parent que vous avez toujours souhaité être, à élever le type d'enfants dont vous pouvez toujours être fier et à contribuer à l'évolution des mentalités qui entraînera la création d'un monde tel que nous rêvons tous de le voir un jour.

L'histoire de
Les enfants apprennent par l'exemple

J'ai écrit *Les enfants apprennent par l'exemple* en 1954 dans le cadre de la rubrique que je rédigeais chaque semaine dans un journal local du sud de la Californie et qui portait sur la vie de famille. À cette époque, j'étais la mère d'une fille de douze ans et d'un garçon de neuf ans. Je donnais un cours sur la vie de famille au programme d'éducation aux adultes de notre commission scolaire et j'occupais le poste de directrice de l'éducation parentale dans une école maternelle. J'étais loin de me douter que le poème allait devenir un classique de par le monde.

Les enfants apprennent par l'exemple constituait en fait ma réponse aux questions que les parents me posaient pendant les cours de vie de famille. Le poème tenait compte de leurs inquiétudes quant à leur rôle de parent. Dans les années 50, les parents élevaient leurs enfants en leur disant quoi faire et ne pas faire. L'approche qui consiste à guider son enfant n'était pas très connue. *Les enfants apprennent par l'exemple* reconnaissait que c'est par l'exemple qu'ils donnent et le modèle qu'ils adoptent dans la vie de tous les jours que les parents exercent la plus grande influence sur leurs enfants.

Au fil des ans, *Les enfants apprennent par l'exemple* a paru dans plusieurs tribunes. Par l'entremise des produits Ross, division des Laboratoires Abbott inc., une version abrégée du poème a été distribuée, et l'est toujours, à des millions de nouveaux parents dans les hôpitaux ainsi que dans les cabinets de médecin. Le poème, traduit en dix langues et publié un peu partout à travers le monde, est utilisé à l'échelle internationale par les enseignants et les membres du clergé dans les programmes de formation en éducation des enfants et de formation pédagogique. Peu importe où il sera lu, j'espère que ce poème servira à la fois de guide et d'inspiration pour les parents qui relèvent le plus important défi de leur vie : élever des enfants.

Un monde en constante évolution

Le monde ayant changé, j'ai apporté quelques modifications au poème. Au début des années 80, j'ai fractionné une ligne en deux : « Si un enfant vit dans l'honnêteté et l'équité, il apprend à être franc et juste » est devenu : « Si un enfant vit dans l'honnêteté, il apprend à être franc » et « Si un enfant vit dans l'équité, il apprend à être juste ». Les enfants considèrent l'honnêteté et l'équité comme deux qualités distinctes. Le changement apporté a aussi permis de mettre davantage l'accent sur la vérité et la justice en tant que valeurs à part entière. En 1990, j'ai inséré une nouvelle ligne : « Si un enfant vit dans la bonté et la considération, il apprend à respecter. » En raison du visage de plus en plus multiculturel de notre société, j'ai voulu insister sur l'importance du respect, qui ouvre la voie à la tolérance devant la différence.

En travaillant sur ce livre, je me suis de nouveau arrêtée sur la ligne suivante : « Si un enfant vit dans l'honnêteté, il apprend à être franc. » Au milieu des années 50, lorsque j'ai écrit la version originale du poème, le concept de « vérité » semblait très clair. Cependant, plus de quatre décennies plus tard, nous en sommes venus à la conclusion qu'il existe de nombreuses vérités et tout autant de nuances de gris. J'ai donc choisi de modifier cette ligne comme suit : « Si un enfant vit dans l'honnêteté, il apprend à être authentique. » Je crois que cette phrase évoque de façon plus réaliste la découverte, par les enfants, de leur propre authenticité.

Le poème, tel qu'il apparaît dans les premières pages de ce livre, est la version complète et révisée de *Les enfants apprennent par l'exemple*.

Des mots qui nous rassemblent

Au fil des années, j'ai eu le plaisir de développer une complicité spontanée avec les gens qui me reconnaissent en tant qu'auteure du poème. Une mère m'a dit un jour: «Ça ne vous plaira peut-être pas d'entendre ça, mais je garde votre poème dans la salle de bains.» C'était le seul endroit où elle pouvait se retrouver seule. Elle s'isolait dans cette pièce lorsqu'elle estimait avoir besoin d'un moment de tranquillité pour se valoriser comme parent. Un père m'a raconté qu'il avait affiché une copie du poème au-dessus de son établi dans le garage. «Je le relis lorsque j'en ai par-dessus la tête», dit-il. Dans les deux cas, *Les enfants apprennent par l'exemple* a incité les parents à reconnaître leur besoin de solitude pour se ressourcer et ne pas perdre de vue leurs objectifs.

Récemment, une grand-mère m'a confié que le poème lui servait de guide dans sa relation avec ses petits-enfants. Elle a déclaré que *Les enfants apprennent par l'exemple* avait été pour elle une véritable bible lorsqu'elle élevait ses propres enfants, et qu'elle l'utilisait maintenant avec la génération suivante. Une autre mère m'a écrit pour me dire que le poème avait été «sa première leçon en matière d'éducation des enfants». Tellement de gens ont partagé avec moi le lien qui les unit à *Les enfants apprennent par l'exemple* que j'en ai conclu que le poème peut les inspirer dans leur rôle de parents.

Les enfants apprennent par l'exemple présente un message clair et simple: Les enfants apprennent continuellement en observant leurs parents. Ils prêtent attention à vous. Peut-être pas à ce que vous leur dites de faire, mais certainement à ce qu'ils vous voient faire. Vous êtes leurs premiers et leurs plus influents modèles. Des parents auront beau tout faire pour transmettre certaines valeurs à leurs enfants, ceux-ci n'acquerront que les valeurs qu'ils perçoivent quotidiennement dans le comportement, les sentiments et l'attitude de leurs parents. Votre façon d'exprimer et de maîtriser vos propres sentiments devient pour vos enfants un modèle dont ils se souviendront tout au long de leur vie.

Je crois que chaque enfant est unique et qu'il a un centre de la créativité et de la sagesse qui lui est propre. C'est le privilège des parents que d'être témoins de l'éclosion de ce moi intérieur chez leur enfant et de permettre à sa beauté de rayonner dans le monde.

J'aime penser que *Les enfants apprennent par l'exemple* a bien résisté au passage du temps, fournissant à différentes générations de familles une approche judicieuse en matière d'éducation des enfants. C'est un outil qui vous rappelle de vous accorder le temps de renouer avec ce qui compte pour vous dans votre vie de famille. J'espère que le poème, de même que ce livre, sauront vous guider et vous inspirer, vous amenant à faire confiance à vos propres sentiments et à votre instinct dans votre façon d'élever vos enfants. Prenez soin de nourrir et d'apprécier à leur juste valeur les ressources intérieures uniques de vos enfants, encouragez-les à s'exprimer durant cette période où ils apprennent à participer à la vie familiale et à l'enrichir. Ainsi, vous créerez avec eux une complicité qui vous permettra de grandir, de partager et d'apprendre en famille.

Souvent, lorsque des parents lisent mon poème pour la première fois, ils déclarent: «Je sais tout cela.» Et c'est probablement le cas. Le poème est en lien direct avec ce que vous savez déjà intuitivement. Le but de ce livre est d'approfondir la signification de chaque ligne de *Les enfants apprennent par l'exemple*. Je me plais à imaginer que nous sommes assis ensemble et que nous discutons de vie de famille. J'espère que vous considérez ceci comme une expérience de partage et que le poème prendra bientôt vie devant vos yeux. Les enfants apprennent vraiment par l'exemple. Ils grandissent ensuite pour mettre en pratique ce qu'ils ont appris.

Dorothy Law Nolte

Si un enfant
dans la critique, i'
à condamn

Les enfants sont comme des éponges. Ils absorbent tout ce que nous faisons, tout ce que nous disons. Ils apprennent constamment en nous voyant agir, que nous ayons conscience ou non de ce que nous leur enseignons. Ainsi, si nous prenons l'habitude de critiquer, de nous plaindre d'eux ou de ceux qui nous entourent, nous leur montrons à condamner les autres ou, pire encore, à se condamner eux-mêmes. Nous leur enseignons à voir les points négatifs autour d'eux plutôt que les points positifs.

Il existe de nombreuses façons d'exprimer une critique, que ce soit par des mots, une intonation, une attitude ou un simple regard. Nous savons tous comment condamner quelqu'un du regard ou comment donner un ton critique à nos paroles. Les jeunes enfants sont particulièrement sensibles à la façon dont on dit les choses et ils les prennent à cœur. Un parent peut déclarer : « C'est l'heure de partir » et ne rien vouloir insinuer d'autre que ce message. Un autre, impatient et bousculé par le temps, peut prononcer les mêmes mots d'un ton qui laisse entendre : « Ce n'est pas bien que tu ne sois pas prêt. » Quoiqu'on ne puisse garantir l'efficacité de l'un ou de l'autre, l'enfant accueillera ces deux messages très différemment, le second pouvant le laisser avec le sentiment d'avoir mal agi.

Bien sûr, nous avons tous nos bêtes noires et chacun de nous critique de temps à autre. Parfois, nous le faisons même en présence de nos enfants. Toutefois, l'impact n'est pas le même que dans le cas où une véritable propension à la critique s'est installée, nous poussant à mettre constamment l'emphase sur les fautes. La critique fréquente, peu importe qui elle vise, a un effet cumulatif

un ton négatif et réprobateur à la vie de famille. En tant
que parents, nous avons le choix: nous pouvons créer une
atmosphère qui incite à la critique et au blâme, ou une autre qui
privilégie le soutien et les encouragements.

Dans le feu de l'action

Debout devant la table de la cuisine, Annie, âgée de six ans,
dispose les fleurs qu'elle a cueillies dans un vase en plastique
rempli d'eau. Soudain, le vase se renverse; l'eau se répand partout
tandis que des fleurs et des feuilles jonchent la table et le sol.
Annie se tient au beau milieu de tout ça, trempée et gémissante.
Sa mère accourt.

«Oh non! Comment as-tu pu être aussi maladroite?» s'écrie-
t-elle d'un ton exaspéré.

Nous avons tous déjà dit de telles choses. Nous réagissons
impulsivement. Les mots s'échappent de notre bouche si rapidement que nous en sommes les premiers surpris. Peut-être sommes-
nous fatigués ou encore préoccupés par quelque chose qui n'a
absolument aucun rapport avec la situation. Malgré tout, il n'est
pas trop tard pour changer de ton et empêcher cette petite mésa-
venture de prendre des proportions démesurées et de miner l'estime de soi de l'enfant. Si la mère d'Annie s'arrête, se calme et
s'excuse d'avoir crié, le nettoyage ne s'en déroulera que mieux.
Annie demeurera sans doute peinée de l'incident, mais elle ne se
blâmera pas. En revanche, si la mère d'Annie multiplie les reproches, la fillette commencera peut-être à se considérer comme
incompétente et malhabile.

Je sais qu'il n'est pas facile de réprimer notre agacement, et ce,
même lorsque nous savons qu'il y va de l'intérêt de nos enfants.
Pour la plupart d'entre nous, cela exige des efforts que de comprendre et maîtriser nos propres réactions émotives. Il peut être
utile d'avoir recours à une phrase passe-partout comme: «Qu'est-
ce qui s'est passé?», qui met l'accent sur l'événement plutôt que
sur l'enfant. Non seulement cela évite-t-il à l'enfant d'éprouver un

sentiment d'incompétence et d'échec, mais cela ouvre également la voie à l'apprentissage. En encourageant l'enfant à reconstituer la trame des événements, on peut arriver à identifier avec lui la cause de l'incident et ainsi découvrir ce qui pourrait être fait différemment à l'avenir.

Certains accidents peuvent être évités en consacrant davantage de temps à la planification et en établissant des limites au début d'un projet. Dans la majorité des cas, nos enfants veulent avant tout nous faire plaisir et nous pouvons leur faciliter la tâche en leur disant clairement dès le départ ce que nous voulons. Nos suggestions doivent être précises et appropriées à leur âge, et transmises de façon à fournir à l'enfant des informations concrètes qui le guideront tout au long de sa démarche.

Un jour de pluie, Benoît, âgé de quatre ans, annonce à sa mère que son ami et lui aimeraient fabriquer des animaux en pâte à modeler. Sa mère, occupée à régler des factures, est tentée d'acquiescer tout simplement et de laisser les garçons se débrouiller. Pourtant, elle se lève et va chercher un grand rideau de douche qu'elle a conservé pour cet usage. Elle l'étend sur le plancher et dit aux garçons : «Assoyez-vous ici. Il restera amplement d'espace pour vos animaux. »

Alors que les garçons pétrissent la pâte à modeler, Benoît demande à sa mère : «Est-ce qu'on peut utiliser des couteaux ? »

«Non, pas de couteaux. Les couteaux ne sont pas des jouets. Si vous preniez des emporte-pièces ? » propose-t-elle.

«D'accord. Et des cuillères en bois ? » ajoute Benoît.

«Bien sûr», dit sa mère en allant chercher les ustensiles. «Et souvenez-vous, les garçons, que vous devrez m'aider à tout ranger. »

Bien sûr, ces quelques minutes que la mère de Benoît a consacrées aux préparatifs l'ont interrompue dans ses occupations. Cependant, elles lui auront peut-être épargné la tâche d'avoir à gratter de la pâte à modeler incrustée dans la moquette tout en s'efforçant de ne pas faire de reproches aux deux garçons. Sa participation a également permis à Benoît de négocier pour obtenir les ustensiles de cuisine avec lesquels il désirait jouer. Bien que cette approche demande du temps, elle est l'occasion pour les enfants de faire des choix et de s'exercer à prendre des décisions. Le fait d'avoir voix au chapitre quant aux petites décisions de la vie quotidienne les aide aussi à se construire une image positive d'eux-mêmes en tant que personnes compétentes.

Mais, soyons réalistes, nous n'avons pas toujours le temps ou la clairvoyance de faire les choses comme nous le souhaitons. L'autre jour, une de mes amies entraînait rapidement hors de la maison sa fille de cinq ans, Catherine, pour aller faire des courses. Catherine devait aussi se faire couper les cheveux. Mon amie dit à sa fille : « Dépêche-toi, ma chérie. Nous avons rendez-vous chez la coiffeuse et je ne veux pas que nous soyons en retard. » Sans crier gare, Catherine fait une crise et déclare qu'elle refuse de se faire couper les cheveux. Irritée, sa mère lui dit qu'elle est « têtue », ce qui bouleverse Catherine à un point tel qu'elle ne peut plus parler. Ce commentaire de la part de la mère de Catherine peut ne pas sembler critique aux yeux d'un adulte, mais le message que Catherine a perçu est : « C'est mal d'être têtue. »

Lorsque Catherine se calme enfin, elle parvient à expliquer qu'elle souhaite laisser pousser sa frange et qu'elle ne veut pas la couper. Sa mère, qui se rend compte que c'est ce qui a déclenché la crise, la dévisage avec incrédulité. « D'accord, ma chérie. Nous le dirons à la coiffeuse. Nous ne ferons pas couper ta frange. » Si elle avait songé à aborder le sujet avec Catherine au petit-déjeuner, elle aurait probablement évité à sa fille et à elle-même la désagréable épreuve d'une crise de colère.

Bien entendu, si flexibles et patients que nous soyons, et peu importe à quel point nous sommes en mesure d'anticiper les événements, il y aura toujours des occasions où nous serons en désaccord avec nos enfants. Le défi consiste alors à résoudre le conflit de manière à réduire les dommages au minimum. Personne ne sort vainqueur d'une impasse. La mère de Catherine a respecté le droit de sa fille de décider comment elle voulait ses cheveux. Ce partage du pouvoir quant aux questions de moindre importance crée un climat de confiance favorable aux négociations qui viendront à l'heure des grandes décisions de l'adolescence. Si nos enfants grandissent en sachant que nous les écouterons et que nous considérerons leurs idées avec respect, ils seront plus enclins à se confier à nous et à accepter notre aide en cas de problème.

Tout est dans la façon de le dire...

Souvent, lorsque nous critiquons nos enfants, notre but est de les encourager à faire mieux ou à se comporter mieux. C'est peut-être aussi la façon dont nos parents communiquaient avec nous quand nous étions petits. Peut-être, enfin, sommes-nous davantage portés à critiquer lorsque le stress ou la fatigue nous accable. Quoi qu'il en soit, les enfants ne perçoivent pas la critique comme un encouragement. Aux yeux d'un enfant, il s'agit en réalité d'une attaque personnelle qui risque de lui faire adopter une attitude défensive plutôt que coopérative. De plus, les jeunes enfants peuvent avoir du mal à comprendre que c'est leur comportement que l'on remet en question, et non eux-mêmes.

Néanmoins, il est toujours possible de dire à nos enfants que nous n'aimons pas ce qu'ils font. Si nous prenons le temps d'évaluer l'impact de nos mots, nous pouvons dire ce qui doit être dit sans diminuer l'estime de soi de l'enfant. Peu importe ce qui s'est produit, nous pouvons lui faire savoir que le geste posé, bien qu'inacceptable, ne change rien à sa valeur en tant que personne.

Dès que le père de William entend le fracas, il devine ce qui s'est passé. Il traverse la cuisine calmement et marche vers la fenêtre du salon, où des éclats de verre jonchent le sol. Son fils de huit ans se tient à l'extérieur, l'air à la fois surpris et effrayé. Un bâton de baseball repose par terre non loin de là et une balle se trouve dans le salon.

«Comprends-tu maintenant pourquoi la règle est de ne jamais jouer au baseball à proximité de la maison?» demande le père de William.

Ce dernier baisse les yeux.

«Je sais, papa. Je faisais attention.»

« Non, William. La règle ne dit pas de faire attention », rappelle son père d'un ton ferme. « La règle dit de ne pas jouer près de la maison. »

« Je suis désolé », dit William, en espérant que cela mettra fin à la discussion.

Son père le dévisage d'un air sérieux. « Voyons ce que ça coûtera pour réparer la fenêtre. Ensuite, nous pourrons calculer combien de temps tu devras économiser ton argent de poche pour nous rembourser. »

En entendant son père prononcer ces mots, William prend peu à peu conscience des conséquences de son geste. Son père voit les épaules du garçon se voûter sous le poids de la responsabilité.

« Tu sais, grand-père m'a fait payer une fenêtre que j'avais cassée quand j'avais à peu près ton âge », confie-t-il à son fils. Celui-ci l'écoute maintenant avec une vive attention.

« C'est vrai ? »

« Ça m'a pris du temps aussi, ajoute le père de William. Et crois-moi, je n'ai plus jamais brisé de fenêtre depuis. Allez, va chercher un balai et une pelle ; on va ramasser tous ces éclats de verre. »

En attachant trop d'importance au blâme et aux punitions, on favorise l'éloignement et non le rapprochement. Nous commettons tous des erreurs et les accidents sont des choses qui arrivent. Dans ces moments-là, il importe de réagir en transmettant à nos enfants des messages utiles qui les aideront à apprendre par l'expérience, à faire le lien entre le geste posé et la conséquence, et à déterminer ce qu'ils doivent faire pour réparer les torts causés.

Pour en finir avec le harcèlement et les plaintes

Nous n'en sommes peut-être pas conscients, mais les plaintes et le harcèlement incessants sont des formes subtiles de critique. Le message que sous-entend le harcèlement est : « Je ne peux pas compter sur toi pour te souvenir de faire telle chose ou pour te comporter correctement. » Le fait de toujours s'attendre au pire de la part de nos enfants ne leur est pas profitable, pas plus qu'à nous. Même les très jeunes enfants apprennent rapidement à ignorer les remontrances trop souvent répétées. Quant aux adolescents, leur capacité à faire la sourde oreille, avec ou sans écouteurs, est un phénomène reconnu.

Il existe une meilleure stratégie qui consiste à établir des routines et à avoir des attentes raisonnables. Par exemple, je répète souvent aux parents qu'un moyen simple mais efficace de se débarrasser de l'habitude de dire « n'oublie pas » est de cesser de mettre l'emphase sur l'oubli et de commencer à privilégier le souvenir. Dites à votre enfant ce dont vous voulez qu'il se souvienne. « Souviens-toi de mettre tes chaussettes dans le panier à linge » et « Rappelle-toi que cette poupée reste à l'intérieur ». Peu importe l'âge de l'enfant, cette pratique instaure un climat d'encouragement très important qui peut tout changer. Elle est particulièrement utile chez le jeune enfant qui découvre la dynamique de la vie de famille. Surtout, félicitez-le pour ce qu'il accomplit. « Comme tu nous aides en te souvenant de ranger tes cubes ! » Par le biais de telles remarques positives, vous informez votre enfant de ce que vous attendez de lui et vous l'encouragez du même coup.

Comme le harcèlement, les plaintes ne sont pas un moyen efficace d'inciter au changement et elles ne sont pas un exemple bénéfique à montrer à nos enfants. Les plaintes mettent l'accent sur les difficultés, les points faibles et les déceptions, pas sur les solutions. Nous ne souhaitons pas que nos enfants apprennent à voir le monde d'un œil passif ou négatif, ou qu'ils croient que la façon de réagir devant les problèmes est de se plaindre. Évitez de substituer les plaintes à l'action et tentez plutôt d'imaginer le plus de solutions ingénieuses possible, en prenant soin de mettre les enfants dans le coup.

Pensez au nombre de plaintes que vous exprimez dans la vie de tous les jours. Vous serez étonné de constater à quel point tout y passe : le travail, les gens qui nous entourent, sans oublier le temps qu'il fait. Même si nous éprouvons tous le besoin de rouspéter à l'occasion, rappelez-vous que les enfants apprennent par l'exemple.

Les plaintes adressées à notre conjoint ou conjointe sont particulièrement destructives. Elles peuvent pousser les enfants à croire qu'ils doivent prendre parti pour l'un ou l'autre des parents, les projetant au cœur d'un conflit conjugal. C'est une situation intolérable pour des enfants, qui se sentent déchirés par leur désir de loyauté envers les deux parents. De même, les reproches qui concernent leurs grands-parents placent les enfants dans une position insoutenable. Toute plainte au sujet de nos parents ou de nos beaux-parents doit être exprimée dans l'intimité afin de préserver la relation magique de nos enfants avec leurs grands-parents. Nos enfants découvriront bien assez tôt les défauts de nos familles. Ne les accablons pas prématurément de nos doléances. De plus, les enfants ont besoin de voir les adultes de leur famille se respecter mutuellement dans leurs paroles et dans leurs gestes. C'est en nous observant dans nos interactions qu'ils apprennent l'abc des relations interpersonnelles et qu'ils prennent conscience des liens qui unissent des êtres chers.

S'imprégner de leur façon de voir le monde

Tout comme nos enfants apprennent sans cesse en nous regardant vivre, nous pouvons aussi tirer un enseignement de leur façon de voir la vie. Un soir, après une sortie en famille, des parents de ma connaissance n'avaient qu'une idée en tête : descendre de la voiture et convaincre leurs fils de sept et huit ans de se mettre au lit en faisant le moins d'histoires possible. Comme d'habitude, aucun des garçons ne voulait aller se coucher. Alors qu'ils marchaient vers la maison, le plus jeune a demandé : « Est-ce qu'on peut observer les étoiles un petit moment ? »

Les parents se sont immobilisés. Ils avaient le choix. Ils auraient pu dire : « Tu aimes bien gagner du temps. Allez, ne fais pas le malin. Il est tard, c'est l'heure d'aller au lit. » Mais ils ne l'ont pas fait. Ce soir-là, ils ont pris quelques minutes pour admirer le ciel étoilé de même que le visage radieux de leurs enfants.

« Observer les étoiles » est qualitativement différent de « regarder les étoiles ». Les adultes regardent, voient et reportent rapidement leur attention vers ce qui « doit » être fait. Les enfants, eux, observent les étoiles avec émerveillement et anticipation. Lorsque nous laissons nos enfants nous enseigner de nouvelles manières de voir le monde, nous vivons une expérience dynamique qui permet à toute la famille d'apprendre et de grandir ensemble.

Si un enfant vit dans l'hostilité, il apprend à être agressif

Pour la plupart, nous ne nous considérons pas comme des gens hostiles. Nous savons que nous ne sommes pas comme ces familles violentes qui maltraitent leurs enfants et qui font la manchette des journaux locaux. Pourtant, nous créons peut-être dans notre foyer un climat de ressentiment inavoué attribuable à une colère non exprimée qui peut s'infiltrer lentement dans la dynamique familiale et exploser à tout moment.

Il ne fait pas de doute que notre culture offre d'innombrables exemples d'hostilité et de combat. À chaque instant, une guerre est menée quelque part sur la planète. Dans notre propre pays, nous entendons parler chaque jour de meurtres gratuits, de violence conjugale, de guerres de gangs et d'autres crimes du genre. Les enfants passent d'innombrables heures devant la télévision et le grand écran à regarder défiler des images de guerre et de violence. Ils voient, dans certains cas quotidiennement, éclater des querelles entre frères et sœurs, entre camarades d'école, entre des étrangers dans la rue, derrière le volant ou dans le quartier. Les enfants peuvent aussi être témoins ou avoir vent d'une dispute opposant leurs parents, soit l'un à l'autre, soit à leur patron ou à des voisins.

Quand ils vivent dans une atmosphère d'hostilité, les enfants se sentent vulnérables. Certains réagissent en devenant durs et aigris, toujours prêts à riposter ou même à chercher les ennuis. D'autres développent une telle crainte des querelles qu'ils évitent tout conflit, même le plus banal des affrontements. Ce phénomène s'observe dans toutes les cours d'école primaire.

Les démonstrations d'agressivité au sein d'une famille peuvent amener les enfants à croire que les disputes sont une nécessité ou une solution, en quelque sorte. Les enfants grandiront peut-être en s'imaginant que la vie sera une bataille, qu'ils ne seront jamais traités équitablement sans affrontement ou qu'ils devront se battre pour survivre. Ce n'est pas ce que nous souhaitons pour nos enfants. C'est en voyant de quelle façon nous, les parents, nous y prenons pour résoudre nos différends et gérer les crises familiales que nos enfants apprennent à faire face aux conflits, soit avec une hostilité et des querelles destructrices, soit par une détermination et un dialogue constructifs.

Quand le temps est à l'orage...

Habituellement, ce sont les petites choses du quotidien qui nous exaspèrent. Les frustrations s'accumulent et parfois, les esprits s'échauffent, pas nécessairement à cause d'un incident significatif, mais tout simplement parce que la coupe est pleine. Nous perdons notre flegme à mesure que notre stress grandit, bien souvent au moment où tous les membres de la famille se retrouvent, fatigués et affamés, à la fin d'une longue journée.

Francis, âgé de quatre ans, a eu une journée difficile à la prématernelle. Il n'a pas pu utiliser l'ordinateur et il croit que son enseignante aurait dû demander aux autres enfants de lui céder la place. Puis son père est venu le chercher avec beaucoup de retard en raison d'un imprévu au bureau.

Durant le trajet de retour, son père lui demande : « Comment ç'a été à l'école ? » Il s'efforce de se montrer joyeux et intéressé, bien qu'il soit fatigué, soucieux et préoccupé.

« Bien », répond Francis, assis sur la banquette arrière de la voiture, le regard perdu dans le vide. La radio est réglée sur les informations. La circulation est lente.

Lorsqu'ils arrivent à la maison, la mère de Francis court ici et là dans la cuisine pour préparer le souper. Le petit téléviseur posé sur le comptoir diffuse un magazine d'actualités. Tout le monde a faim. En enlevant son blouson, Francis renverse accidentellement la boîte à lunch qu'il vient de déposer sur le comptoir. Des miettes de craquelins tombent partout sur le plancher.

Cette scène vous est probablement familière et il n'est pas difficile de deviner ce qui pourrait se passer ensuite. Pour la plupart, nous avons un horaire très chargé et nous savons à quel point il est difficile de tout concilier. Notre réaction par rapport au stress dépend de notre capacité à maîtriser nos sentiments d'impatience, d'insatisfaction, d'agacement et d'irritation dans les moments de tension. Ces «petits» sentiments doivent être reconnus et éliminés de façon créative au fur et à mesure qu'ils se manifestent; dans le cas contraire, ils s'accumuleront avec le temps et deviendront de «gros» sentiments, passant du ressentiment qui couve à la colère pure et simple qui menace d'éclater dans les moments critiques. Heureusement, dans ce cas-ci, la mère de Francis arrive à maîtriser son agacement et à bien gérer la situation.

Elle tend à Francis une petite pelle à poussière et une brosse en lui disant: «Ce n'est pas grave, mon chéri. Tiens, tu peux te servir de ça pour nettoyer.» Puis, après avoir mis le poulet au four, elle s'agenouille à côté de lui et lui dit d'un ton encourageant: «Tu as presque tout ramassé. Laisse-moi t'aider à nettoyer ce qui reste.» Elle s'empare de la brosse et pousse les miettes dans la pelle que Francis tient toujours. Le visage du garçonnet s'éclaire d'un sourire reconnaissant.

Il va sans dire que cette scène aurait pu se terminer tout à fait autrement. Après voir fait tomber sa boîte à lunch, Francis, frustré, aurait pu se fâcher et hurler: «Je déteste cette boîte à lunch! Je déteste l'école!» Sa mère aurait pu blâmer son mari pour l'incident et s'écrier: «Comment peux-tu rentrer comme ça et laisser Francis avec moi pendant que je cuisine?» Elle aurait également pu critiquer Francis et gémir: «Encore un dégât! Tu ne peux pas faire un peu plus attention?»

Il vaut beaucoup mieux reconnaître nos sentiments de frustration, même si ce n'est qu'intérieurement, dès qu'ils surgissent en nous. Car c'est en observant notre façon de réagir à ces sentiments, qui risquent de s'intensifier en hostilité, puis carrément en colère, que les enfants apprennent à y faire face à leur tour. Fait intéressant, nous devrions prendre exemple sur nos jeunes enfants pour apprendre à libérer nos tensions. Lorsque ceux-ci interrompent spontanément leurs occupations pour se tourner vers une activité qui entraîne une dépense d'énergie (courir, dessiner ou jouer à la poupée), c'est souvent pour se libérer instinctivement d'un sentiment de frustration. Au lieu de perdre notre sang-froid, nous pouvons tenter de chasser notre colère en nous dépensant physiquement, soit en faisant une courte promenade, en travaillant dans le jardin ou en lavant la voiture. Si nous n'avons pas le temps de nous offrir une telle diversion, nous pouvons simplement nous concentrer sur notre respiration, inspirer profondément à quelques reprises et compter lentement jusqu'à dix, comme le faisaient nos grands-mères. Le but est d'évacuer la tension et de retrouver la maîtrise de soi. Non seulement cela nous aidera-t-il dans les moments de stress, mais c'est également un bon exemple à donner à nos enfants.

Lorsque nos enfants ne se libèrent pas naturellement de leurs tensions par le jeu, nous pouvons leur enseigner à exprimer leurs émotions en utilisant leur imagination. Après la dure journée de Francis à la prématernelle, son père ou sa mère aurait pu lui demander : « Quel animal avais-tu l'impression d'être aujourd'hui à l'école ? » Francis aurait peut-être répondu : « J'avais envie de faire grrr comme un lion. » Le parent aurait pu enchaîner en lui demandant à quel animal il s'identifiait maintenant qu'il était rentré à la maison. Le garçon aurait très bien pu répondre : « Je me sens comme un petit chiot qui a envie de se faire câliner. » Une telle réponse aurait indiqué à ses parents qu'il avait besoin d'affection et de réconfort après avoir passé des moments difficiles.

Apprendre à voir venir l'orage

Tout comme nous, les enfants ont le droit de reconnaître et d'exprimer leurs sentiments, y compris la colère. Cela ne signifie pas qu'ils ont le droit de perturber ou de blesser les autres ou d'endommager la propriété d'autrui. Certains comportements, comme frapper, donner des coups de pied, mordre et pousser, ne doivent pas être tolérés et doivent entraîner une action disciplinaire, le temps mort, par exemple. Les jeunes enfants ont particulièrement besoin de notre aide pour apprendre à trouver les mots qui expriment leurs sentiments plutôt que de les extérioriser par des gestes. En tant que parents, nous devons accepter et respecter les sentiments de frustration de nos enfants tout en fixant des règles et des limites. C'est parfois un véritable défi que de maintenir un tel équilibre.

Un jour, Corinne, âgée de neuf ans, se dispute avec une amie venue chez elle en visite. Sa mère intervient : « Ce n'est pas gentil de te fâcher contre ton amie. Arrêtez de vous quereller tout de suite. »

Ce soir-là, la mère de Corinne se met en colère parce que sa fille ne s'est pas brossé les dents. Corinne réplique : « Ce n'est pas gentil de te fâcher contre ta fille. » Sa mère pique une crise.

Si elle s'arrête un moment pour inspirer profondément, elle s'apercevra que Corinne n'essaie pas de se moquer d'elle ni de saper son autorité. Elle notifie simplement à sa mère l'inconsistance de son message. La fillette remet en question le principe voulant que les adultes puissent se mettre en colère, mais pas les enfants, et que les gens puissent se fâcher contre elle, mais qu'elle ne puisse pas se fâcher contre eux. Elle a raison de s'interroger : nous ne voulons pas que nos enfants apprennent à avoir deux poids, deux mesures.

Je suggère aux parents de permettre à leurs enfants de définir eux-mêmes leurs sentiments. Il est possible de les y aider en remplaçant les affirmations par des questions. Ainsi, au lieu de dire : « Je sais que tu es en colère parce que… », dites plutôt : « Qu'est-ce qui t'agace à propos de… » ou « Qu'est-ce qui te met en colère au sujet de… » Ajoutez ensuite : « Qu'est-ce qui pourrait arranger les choses ? » C'est un moyen efficace d'aider les enfants à identifier leurs sentiments et à trouver de nouveaux moyens d'y faire face.

Quand c'est en nous que l'orage gronde

Notre façon d'exprimer nos sentiments d'impatience, d'hostilité et de colère a une influence beaucoup plus marquante sur nos enfants que les conseils que nous leur donnons. Nous n'aimons pas imposer notre mauvaise humeur à nos enfants, mais nous ne voulons pas non plus qu'ils croient que nous n'éprouvons jamais de colère. Autant être sincères, car même lorsque nous tentons de camoufler nos sentiments, nos enfants devinent comment nous nous sentons.

Un samedi matin, la mère de Simon remet de l'ordre dans la maison d'un air affairé après une dure semaine de travail. En voyant sa mère lancer les coussins sur le canapé d'un geste brutal, le garçon de neuf ans demande: «Es-tu en colère contre moi?»

La mère de Simon s'arrête, se calme et répond: «Non, mon chéri, bien sûr que non.»

Simon sort jouer, déconcerté et troublé, ne sachant trop que penser. Sa mère aurait pu répondre, plus honnêtement: «Oui, je suis fâchée. J'aimerais que tu ne laisses pas traîner tes jouets dans le salon. C'est déjà assez de travail pour moi de remettre la pièce en ordre sans que j'aie d'abord à rapporter toutes tes affaires dans ta chambre. S'il te plaît, veux-tu m'aider en allant ranger ces jouets?» Ainsi, Simon aurait su que sa perception était correcte et que sa mère était vraiment en colère. De plus, il aurait su exactement ce qu'elle attendait de lui.

Les enfants ont également besoin d'apprendre que leurs parents peuvent se quereller et réussir quand même à résoudre leurs différends. Charlotte, âgée de sept ans, se réveille un soir vers minuit et entend ses parents discuter sur le ton de la colère. Effrayée, elle se cache sous les couvertures et finit par se rendormir. Le lendemain matin, devinant que Charlotte a entendu leur dispute, son père lui explique: «Maman et moi discutions de notre budget et nous n'étions pas d'accord. Je suis désolé de voir que nous t'avons réveillée.»

Il est très important pour Charlotte de savoir que ses parents se sont bel et bien disputés, mais que tout va bien quand même. Son père aurait même pu ajouter : « Ta mère et moi n'étions pas d'accord, mais nous pensons être parvenus à un compromis. Si ça ne fonctionne pas, nous trouverons une autre solution. » Ces paroles de réconfort auraient aidé Charlotte à comprendre que tout le monde se fâche et se querelle de temps à autre, mais que ces incidents n'empêchent pas deux personnes de s'aimer. La fillette aurait aussi appris qu'il n'est pas toujours facile de prendre des décisions, que certaines d'entre elles sont prises au terme de désaccords et que plusieurs tentatives sont parfois nécessaires pour résoudre un conflit. En nous montrant honnêtes avec nos enfants à propos des inévitables difficultés qui surgissent dans nos rapports avec les autres, nous pouvons transformer un événement potentiellement bouleversant en une occasion de leur enseigner de précieuses leçons sur l'importance de développer des habiletés dans la vie en matière de compromis et de négociation, leçons dont ils pourront tirer profit dès maintenant.

Ensoleillé avec passages nuageux

Pour la majorité d'entre nous, les sentiments d'hostilité vont et viennent comme les nuages. D'ailleurs, comme dans le cas du temps qu'il fait, il est facile de considérer les frustrations comme un phénomène que nous subissons et sur lequel nous n'avons pas grand pouvoir. Au fur et à mesure que nous comprenons nos réactions, nous pouvons commencer à voir de quelle manière nous contribuons à leur manifestation. Plus nous gérons notre colère de façon créative et constructive, plus le risque est mince de voir nos sentiments hostiles nous mener à la dispute.

L'ironie dans tout cela, c'est que ce sont davantage nos proches qui risquent d'écoper de notre colère que des connaissances, des amis ou des étrangers. Voilà pourquoi il est primordial d'identifier nos sentiments de frustration avant qu'ils gagnent du terrain. Mieux vaut exprimer notre agacement que d'exploser d'une colère trop longtemps contenue.

Il est essentiel et rassurant de savoir que nous n'avons pas besoin d'incarner des modèles de perfection aux yeux de nos enfants. Inévitablement, il y aura des moments où nous perdrons notre sang-froid. Si nous parvenons à reconnaître et à évaluer nos erreurs et à nous excuser de notre comportement, nos enfants retiendront une leçon très importante : maman et papa aussi apprennent sans cesse des moyens plus efficaces de gérer leurs émotions. Il faut enseigner à nos enfants que la colère n'est pas un ennemi auquel nous devons résister, mais une énergie que nous devons canaliser de façon créatrice. L'usage que nous faisons de cette énergie et la manière dont nous l'exprimons sont déterminants à la fois pour nous-mêmes et pour la santé et le bien-être de toute la famille. Après tout, ce sont nos comportements au quotidien qui façonnent les habitudes que nos enfants adopteront avec leur propre famille, c'est-à-dire avec nos petits-enfants.

Si un enfant vit dans la peur, il apprend à être angoissé

Les enfants aiment jouer avec la notion de peur. Ils adorent les histoires de croque-mitaine et ils sont fascinés par les récits d'épouvante et les films d'horreur. Je me souviens qu'à l'âge de onze ou douze ans, je passais toujours la soirée chez des amis le vendredi. Nous nous blottissions autour de la radio, toutes lumières éteintes, et nous écoutions une émission intitulée *The Witches Tales* qui, même si elle nous paraîtrait probablement insignifiante aujourd'hui, nous terrifiait à l'époque. Le plus difficile, et aussi le plus excitant, était de faire semblant d'être braves quand nous rentrions à la maison après l'émission, une fois la nuit tombée. Le cœur battant à tout rompre sous l'influence de l'adrénaline, nous nous demandions quelle créature pouvait bien nous observer dans l'ombre, tout en sachant au fond que nous ne courions aucun danger et que nous serions bientôt dans nos maisons douillettes et bien éclairées.

En revanche, c'est une tout autre histoire que de vivre dans la peur, la vraie, qu'elle soit causée par la violence physique ou morale, l'abandon ou une maladie tragique, ou qu'il s'agisse d'une peur apparemment plus banale attribuable à la simple présence d'une petite brute dans le voisinage ou à celle de monstres sous le lit. Le fait de vivre dans la crainte jour après jour détruit la confiance en soi et le sentiment de sécurité de l'enfant. La peur ruine le climat de soutien dont un enfant a besoin pour grandir, explorer et apprendre, le laissant aux prises avec un sentiment continu d'appréhension, une anxiété générale qui peut compromettre sa capacité à entrer en relation avec les autres et à affronter des situations nouvelles.

N.D.T. : *Les contes de la sorcière.*

Un immense besoin d'être rassurés

Les parents sont parfois totalement surpris de découvrir la source des peurs de leurs enfants. Ces derniers peuvent être réellement effrayés par des choses que les adultes remarquent à peine, que ce soit un nouveau chien dans le quartier ou un vieil érable aux branches mortes. Certaines tournures de phrases peuvent même leur inspirer de la peur. Je connais une enfant de trois ans qui a demandé à sa mère un jour : « Maman, est-ce que tu vas vraiment perdre la tête ? Je t'ai entendue le dire à tante Carole. » Il peut arriver que les jeunes enfants prennent une figure de style au sens littéral. Cette fillette avait besoin que sa mère lui explique ce qu'elle avait voulu dire, de même que d'un peu de réconfort et d'un gros câlin.

Peu importe la raison, si votre enfant est effrayé, il faut prendre la situation au sérieux. C'est lui qui ressent la peur et vous devez vous efforcer de voir les choses selon son point de vue. Des commentaires tels que « Ne sois pas ridicule », « Ce n'est rien », « Arrête tes enfantillages » ou « Tu n'es qu'une poule mouillée » ne parviendront qu'à rabaisser l'enfant et à enfouir ses craintes au fond de lui-même où elles continueront à se développer.

Lorsque j'anime des ateliers d'éducation des enfants, on me demande souvent : « Comment distinguer un enfant peureux d'un enfant qui veut seulement attirer l'attention ? » Eh bien, il n'y a aucune distinction à faire. Les parents ne devraient pas s'inquiéter outre mesure d'être manipulés par les besoins affectifs de leurs enfants. Le besoin de votre enfant d'attirer l'attention est aussi légitime que son besoin d'être nourri et logé. De plus, il peut arriver qu'un enfant soit effrayé et qu'il ait *aussi* besoin d'attention.

En voici un bon exemple. Adam, âgé de trois ans, et sa famille ont récemment emménagé dans une nouvelle maison. Adam a également commencé à fréquenter la prématernelle et il vient d'avoir une petite sœur. Ce sont tous d'heureux événements aux yeux de ses parents, mais pour Adam, c'est la fin de la vie telle qu'il la connaissait avant. Il a l'impression que son univers est complètement chamboulé. Un soir, alors que sa mère est sortie, Adam vient voir son père et lui adresse une demande inhabituelle.

« J'ai peur. Protège-moi », dit-il en pleurant.

Son père aurait pu dire : « Te protéger ? De quoi ? Tu es un grand frère maintenant et tu ne devrais pas avoir peur ! » Puis il l'aurait renvoyé dans sa chambre.

Mais son père s'est montré compréhensif. « Te protéger ? Bien sûr, pas de problème. Viens te blottir contre moi et on sera bien en sécurité tous les deux. » Ces paroles bienveillantes ainsi que le contact physique ont apporté à Adam le réconfort dont il avait besoin pour traverser ce moment difficile et passer à autre chose.

Les parents peuvent chasser comme par magie même les peurs des enfants plus âgés. Deux frères âgés de six et huit ans manifestaient périodiquement leur crainte qu'il y ait des fantômes dans le grenier. Leur mère conservait un vieux balai dans sa garde-robe spécialement pour ces occasions-là. Lorsque les garçons accouraient dans sa chambre, les yeux agrandis par la frayeur, elle s'emparait calmement du balai et sillonnait la maison en le brandissant telle une arme dangereuse, criant à pleins poumons. Ses fils couraient derrière elle, riant et jubilant, convaincus qu'elle avait chassé toutes les créatures effrayantes de la maison, sans exception !

Gérer les situations de crise

Bien entendu, il y a des situations où il n'existe aucune magie pour libérer nos enfants de leurs peurs. Ni une mère qui agite furieusement son balai ni une étreinte affectueuse ne viendront à bout de la peur ou de la tristesse qui apparaît quand une famille traverse une véritable crise. Les pires bouleversements pour les enfants surviennent lorsque la structure ou la routine familiale sont perturbées. Les enfants s'attendent à voir les occupations journalières qui rythment la vie de leur famille demeurer les mêmes ou presque. Aussi, lorsque la crise survient, ils ont l'impression que tout s'écroule autour d'eux.

Mis à part la mort d'un parent, le divorce est probablement l'événement le plus terrifiant qui puisse se produire dans la vie d'un enfant. De nombreux enfants vivent dans la crainte que leurs parents divorcent, que cette peur soit fondée ou non. Le fait d'entendre l'un de leurs parents se plaindre de l'autre augmente encore cette inquiétude et crée de l'anxiété chez l'enfant. La frayeur qu'inspire le divorce cache en fait la crainte de l'enfant d'être abandonné. L'enfant s'imagine que si l'un des parents quitte la maison, il le quittera aussi.

Lors d'un divorce, les enfants ont l'impression qu'ils perdent la maîtrise de la situation. L'un des plus grands défis pour des parents qui divorcent consiste à choisir d'agir dans l'intérêt de leurs enfants, aussi blessés, frustrés et furieux soient-ils. Les enfants étant inévitablement pris entre les deux, c'est aux parents de déclarer une trêve lorsqu'il est question des enfants. Bien sûr, c'est beaucoup plus facile à dire qu'à faire, surtout lorsque les parents sont en colère et se disputent. Mais c'est le moment où nos enfants ont le plus besoin qu'on les rassure en leur disant que, peu importe ce qui arrivera, nous sommes toujours leurs parents et qu'ensemble, nous prendrons soin d'eux.

Les crises familiales sont toujours perçues par les enfants, même s'ils n'en comprennent pas toutes les implications. En entendant que son père allait peut-être perdre son emploi, Laurence, âgée de six ans, a peur que sa famille se retrouve à la rue sans rien à manger. Son père lui donne quelques explications : « Nous trouverons un moyen de nous en sortir. Il faudra peut-être qu'on réduise un peu nos dépenses pendant quelque temps, mais on s'en sortira. » Cela permet à Laurence de se montrer courageuse et de contribuer à améliorer la situation familiale : « Je n'ai pas vraiment besoin de ces nouvelles chaussures ; pas tout de suite, en tout cas », dit-elle.

Dompter sa peur pour ses enfants

Les enfants s'imprègnent des inquiétudes des parents, souvent à notre insu. Songeons seulement à toutes les déclarations que nous faisons et qui commencent par : « J'ai peur que… » ou « S'il fallait que… » ou « Ça m'inquiète que… ». Si les enfants sont couramment exposés à des commentaires exprimant la crainte, ils sont plus à risque de développer un tempérament anxieux. La répétition façonne les attentes et la pensée négative peut rapidement devenir circulaire. Nous connaissons tous des personnes qui ont été aspirées dans ce type de spirale négative : « Je m'attends au pire et c'est toujours à moi que le pire arrive. »

Malheureusement, les parents d'aujourd'hui ont plus que jamais de graves raisons de s'inquiéter pour leurs enfants. Nous faisons face à un dilemme qui consiste à protéger nos enfants et à les mettre en garde contre le danger sans faire naître en eux une anxiété inutile. Par exemple, nous voulons que nos enfants se comportent prudemment en présence d'étrangers ; en revanche, nous ne souhaitons pas qu'ils présument que chaque personne qu'ils ne connaissent pas est hostile et qu'elle leur veut du mal. Nous voulons qu'ils demeurent dans notre champ de vision, mais nous leur demandons de ne pas se sentir vulnérables quand nous ne sommes pas près d'eux. C'est un véritable défi que d'élever des enfants qui ont confiance en eux tout en faisant de notre mieux pour les garder à l'abri du danger.

Il n'y a pas de solution toute faite à ce dilemme. C'est aux parents, au cas par cas, de décider de la façon de répondre aux questions de leurs enfants et du degré d'indépendance à leur accorder, et à quel âge. Lorsque Alice, âgée de quatre ans, demande à sa mère d'aller au parc, où il y aura bien sûr des étrangers, cette dernière répond calmement : « D'accord, Alice. Je vais t'accompagner et te surveiller. » Quand Julien, âgé de dix ans, annonce qu'il veut marcher seul jusqu'à l'école, ses parents doivent établir un juste équilibre entre leur anxiété à l'idée de le savoir seul dans les rues de la ville, et leur désir d'encourager son autonomie naissante.

De plus, il n'est pas rare de voir des parents habités par la peur de voir souffrir leurs enfants comme eux ont souffert au même âge. Le fait de trop s'identifier à eux peut en pousser certains à adopter des comportements inappropriés. Le père de Carl est un grand amateur de *tchouk ball* et son obsession pour ce sport énerve tout le monde autour de lui, que ce soit son épouse, l'entraîneur ou son fils de sept ans. Il m'explique ses inquiétudes comme suit: «Je n'étais pas très sportif à l'âge de Carl. Je me souviens que j'étais toujours le dernier choisi quand nous formions des équipes et j'en souffrais beaucoup. J'ai peur que le même phénomène se reproduise avec mon fils.»

Il est capital qu'on permette à Carl de découvrir ses propres aptitudes athlétiques sans que les souvenirs de son père viennent l'influencer. Bref, le père de Carl doit s'éclipser et laisser son fils faire ses propres expériences. Nous devons nous rappeler que nos enfants sont différents de nous et qu'ils ont le droit de vivre leurs propres peines.

Composer avec les petites et grandes peurs

Les enfants vivent dans un monde différent de celui des adultes et ils ne nous racontent pas toujours ce qui se passe dans le leur. Par conséquent, souvent les parents n'ont pas conscience des choses qui effraient leurs enfants dans la vie de tous les jours. Par exemple, de nombreux enfants sont victimes d'intimidation à l'école, dans le quartier ou même avec leurs frères et sœurs à la maison. Ils sont parfois malmenés, menacés, traités de tous les noms ou ridiculisés. Les plus jeunes peuvent avoir de la difficulté à exprimer leurs peurs et leur détresse, tandis que les plus âgés peuvent avoir l'impression qu'ils doivent régler leur problème seuls. Nous devons prendre le temps de demander à nos enfants comment ils s'entendent avec les enfants qu'ils côtoient tous les jours.

La mère d'Antoine demande à son fils de cinq ans: «Qu'est-ce qui s'est passé à l'école aujourd'hui?» Cette tournure de phrase encourage davantage l'enfant à fournir une réponse détaillée que celle-ci, plus vague: «Comment c'était l'école, aujourd'hui?»

«Jonathan a pris mon camion. C'est moi qui jouais avec.»

«Qu'est-ce qui s'est passé ensuite?»

Antoine baisse les yeux et marmonne : « Rien. Je ne sais pas. »

Sa mère conclut que Jonathan intimide son garçon et elle tente d'aider Antoine à trouver un moyen de se libérer de ce petit dur. « J'imagine que ç'a été très frustrant de voir Jonathan s'emparer de ton camion. Que crois-tu que tu aurais pu faire quand ça s'est produit ? » demande-t-elle pour lui donner l'occasion de réfléchir à de nouveaux moyens de régler une situation difficile.

Antoine répond qu'il aurait pu reprendre le camion, avertir l'enseignante, choisir un autre jouet, s'éloigner de Jonathan et jouer avec d'autres amis. Sa mère n'a même pas besoin de lui dire ce qu'il aurait dû faire. Il lui suffit de l'écouter et de l'aider à identifier différentes solutions qui valent mieux que de « ne rien faire ». Il peut également être utile de demander : « Comment aurais-tu voulu que cet incident se termine ? »

Antoine aurait pu répondre : « J'aurais voulu garder le camion. »

Une fois qu'il a clarifié ses désirs, l'enfant peut commencer à établir un plan constructif. « Je crois que je vais jouer avec le camion demain matin ; si Jonathan essaie de me le prendre, je lui dirai : "Non !" »

Pour un grand nombre d'enfants, les situations nouvelles sont une source d'anxiété. La première journée d'école, la première visite chez le dentiste, le premier voyage en avion : tous ces événements peuvent être très angoissants. Nous pouvons aider nos enfants à franchir ces étapes en leur prodiguant soutien et encouragement. Lorsque nous leur exprimons notre confiance en eux, nous les dotons d'un outil formidable qui les aidera à bâtir leur confiance en eux. Prêtez attention au visage et à la posture de votre enfant la prochaine fois que vous lui direz : « Tu t'en tireras très bien. Je sais que tu peux y arriver. »

Les très jeunes enfants peuvent avoir besoin d'une préparation spéciale avant de vivre des grandes premières, comme la visite de la maternelle. Après l'avoir regardée explorer les différents coins-activité de la classe, une mère demande à sa fille : « Par quoi penses-tu que tu voudras commencer ? »

« Je nourrirai les poissons », répond Sara sans hésitation. Elle a déjà franchi un grand pas en s'imaginant dans la classe.

La télévision constitue une autre source d'inquiétude chez certains enfants, avec son lot quotidien de violence dans les bulletins d'information, les films, les publicités et les émissions dramatiques. Les jeunes enfants peuvent avoir du mal à distinguer la réalité de la fiction, et ils ont besoin d'être protégés des deux. Certains enfants plus âgés peuvent regarder sans sourciller des scènes d'accidents, de traumas, de violence ou de meurtre à la télévision, alors que d'autres seront bouleversés et obsédés par de telles images. Il nous appartient d'évaluer la capacité de nos enfants à tolérer la violence à la télévision et de limiter les heures d'écoute en conséquence.

Tout le monde a peur… parfois

Comme parents, nous voulons être forts pour nos enfants. Nous souhaitons qu'ils aient le sentiment de pouvoir compter sur nous pour les garder en sécurité. Toutefois, nous devons aussi avoir le courage de nous montrer vulnérables et de partager ces moments où nous nous sentons comme le lion poltron dans *Le magicien d'Oz*. Nous éprouvons tous de la peur de temps à autre. C'est la façon dont nous réagissons à cette peur qui fait la différence. Nos enfants apprennent que nous sommes humains, qu'être humain implique ne pas être parfait et que nous avons tous besoin de soutien et de réconfort à l'occasion. Il peut s'avérer étonnamment réconfortant de sentir une petite main nous tapoter le dos au milieu d'une étreinte.

Pénélope, âgée de huit ans, sait que sa mère est inquiète à l'idée d'aller chez le médecin plus tard ce jour-là. La fillette ne connaît pas tous les détails et c'est bien ainsi ; ce serait trop difficile pour elle de comprendre. Mais ce matin-là, lorsque sa mère se penche pour l'embrasser avant son départ pour l'école, Pénélope la serre un peu plus fort dans ses bras. Sa mère perçoit la différence dans son étreinte et lui dit d'un air surpris : « Merci, Pénélope. Ça fait du bien. »

Nos enfants apprennent à affronter leurs peurs en observant la manière dont nous réagissons aux nôtres. Laissons-les être témoins du soutien que nous obtenons de notre conjoint ou conjointe, de nos amis et de notre famille en cas de besoin, ainsi que de l'appui et du réconfort que nous leur offrons en retour. Notre façon de reconnaître nos sentiments et de trouver des solutions créatrices dans les moments difficiles servira de modèle à nos enfants lorsqu'ils feront face à leurs propres situations de crise.

Si un enfant vit dans la pitié, il apprend à s'apitoyer sur lui-même

Quand on s'apitoie sur soi-même, c'est comme si on s'enlisait dans des sables mouvants. Dans les deux cas, une force mystérieuse nous entraîne vers le fond jusqu'à ce que nous nous sentions engloutis et impuissants. Il ne nous reste plus alors qu'à espérer que quelqu'un passe et nous porte secours.

Ce genre d'attitude ne mène pas au succès. Si nous éprouvons de la pitié pour nos enfants ou si nous nous apitoyons sur nous-mêmes, nous leur enseignons qu'il est acceptable de se comporter ainsi. Nous ne leur apprenons pas à faire preuve d'initiative, de persévérance ou d'enthousiasme. L'apitoiement sur soi-même entraîne un gaspillage d'énergie en plus de projeter une image d'impuissance et d'incompétence.

Nous voulons que nos enfants soient pleins de ressources, qu'ils soient capables de trouver en eux la force dont ils ont besoin et de demander de l'aide si nécessaire. Afin de donner l'exemple, nous devons nous efforcer d'en faire autant ; peut-être pas à la perfection et tout le temps, mais suffisamment pour qu'ils apprennent à utiliser leurs forces intérieures pour relever les défis qui se présentent à eux. Cela signifie qu'il nous faut puiser en nous-mêmes pour surmonter les difficultés qui se dressent sur notre chemin. Nous devons également avoir confiance en nos enfants et être convaincus qu'ils sauront se montrer à la hauteur de la situation lorsqu'ils se heurteront à des obstacles au cours de leur vie.

Éviter le piège de l'apitoiement

Nous traversons tous des périodes d'apitoiement sur nous-mêmes. Nous nous sentons surmenés, pas assez appréciés, plus rien ne tourne rond. «Pourquoi moi?» se demande-t-on. Si on ne se méfie pas, l'apitoiement peut devenir un état d'esprit, passant du coup de cafard occasionnel au désespoir généralisé. Notre perception se rétrécit alors pour ne plus saisir que l'information qui concorde avec la conception du «pauvre de moi». Nous développons un raisonnement circulaire et répétitif qui nous entraîne dans un cercle vicieux d'apitoiement et d'impuissance.

Dans une telle situation, il peut être utile d'oublier un peu nos problèmes et de faire quelque chose, n'importe quoi! Je conseille aux parents de monter sur leur vélo d'appartement, de faire une marche rapide ou simplement d'imaginer un voyage vers leur destination favorite. L'une de mes élèves, Caroline, m'a raconté ce qui fonctionnait dans son cas: «Je me sentais vidée, incomprise. Mes trois enfants m'éreintaient, mon mari travaillait sans arrêt et il était épuisé quand il rentrait. J'étais à la fois furieuse et déprimée, mais j'en avais également assez de me sentir comme ça. C'est alors que j'ai décidé d'essayer la visualisation, dont on avait discuté lors des ateliers. J'ai fermé les yeux et la première chose à laquelle j'ai songé, c'est que j'avais bien besoin qu'on m'applaudisse. Je me suis donc imaginée debout au milieu d'un immense stade rempli à craquer où les gens applaudissaient et scandaient: "Caroline est formidable!" Ensuite, c'est moi qui ai commencé à taper des mains et à me féliciter à haute voix dans la cuisine.

«Je me suis rendu compte que j'avais besoin de me rapprocher de mon mari et que je voulais que les enfants remarquent ce que je faisais pour eux. J'avais besoin d'attention. J'ai donc préparé le dessert préféré de toute la famille et je l'ai posé sur le buffet avec une grande affiche qui disait: *Caroline est formidable. Si vous êtes d'accord, serrez-moi dans vos bras.* Nul besoin de mentionner que cela a alimenté la conversation ce soir-là! J'ai reçu les câlins dont j'avais besoin, et mon mari et moi avons décidé de laisser les enfants chez ma tante le week-end suivant, question de passer plus de temps ensemble. Je ne prétends pas que cela ait changé ma vie, mais je suis sortie de l'ornière "pauvre de moi".»

Non seulement Caroline a-t-elle su tirer profit de son ingéniosité, mais elle a également montré à ses enfants comment aborder un problème de façon créatrice. En outre, elle et son mari ont pu passer du temps ensemble, ce dont ils avaient grand besoin. Il est important pour un couple d'enrichir sa relation et de lui redonner de la vitalité. Tous les membres de la famille bénéficient d'une plus grande complicité entre les deux conjoints.

Une quête de reconnaissance

L'une des habitudes les plus fréquentes chez un parent aux prises avec le syndrome «pauvre de moi» consiste à comparer la vie de son enfant avec le souvenir de sa propre enfance. Judith, une jeune fille de onze ans, sait toujours quand sa mère est sur le point de se lancer dans de tels discours. Elle parle d'abord de ce qu'était sa vie à l'âge de Judith, de la chance que sa fille a de posséder tant de choses, ajoutant qu'elle ne se rend pas compte à quel point ses parents travaillent fort. Cela se passe généralement dans la voiture, où Judith n'a d'autre choix que d'écouter.

La mère de Judith commence souvent par des commentaires comme: «De nos jours, les enfants tiennent tout pour acquis, même des chaussures de sport à cent dollars.»

Judith se contente de marmonner en guise d'approbation, courbant les épaules. Mais sa mère est loin d'avoir terminé.

«Je pense que tu ne réalises pas qu'à ton âge, je gardais des enfants trois soirs par semaine et les samedis après-midi. Je ne sortais pas toujours avec mes amis.»

À ce stade, Judith roule les yeux et soupire, mais elle est déjà à bout de patience. «Maman, je ne sors pas toujours avec mes amis. Et je fais beaucoup de devoirs. Probablement plus que tu n'en as jamais fait.»

Cette situation a engendré une sorte de lutte entre la mère et la fille, à savoir laquelle est le plus en droit de s'apitoyer sur elle-même. La mère de Judith ne souhaitait pas créer une telle compétition, ni même s'apitoyer sur son sort. Son intention était d'enseigner à sa fille à se montrer reconnaissante de ce qu'elle possède. Cependant, le message sous-jacent ressemble davantage à ceci : « Je suis jalouse et déçue de ne pas avoir eu les avantages que tu as », impliquant plus subtilement et insidieusement : « Tu m'es redevable. » Pas étonnant que Judith pousse des soupirs chaque fois que sa mère recommence ce discours.

Il n'y a rien de mal à exprimer franchement notre besoin de sentir que nos efforts sont appréciés. En allant chercher sa fille à l'école, la mère de Judith pourrait simplement dire : « Je suis contente de pouvoir faire ça pour toi et ça me rendrait encore plus heureuse de savoir que tu l'apprécies. » Il est inutile de tomber dans l'apitoiement. Bien sûr, ce n'est pas une garantie que nos enfants se conformeront à notre demande, mais nous avons plus de chances d'obtenir ce que nous voulons si nos messages sont clairs, directs et exempts de tout « vieux bagage ».

La tâche ingrate de pousser nos enfants

Les enfants excellent dans l'art de s'apitoyer sur eux-mêmes et d'attirer la pitié de leurs parents, avec tous les avantages que cela comporte : être remarqué, enlacé et réconforté.

« J'ai mal au ventre », gémit Camille, âgée de quatre ans, tandis que sa mère l'aide à se préparer pour aller à la prématernelle. « Je ne veux pas y aller. » Elle porte les mains à son ventre d'un air triste.

Aucun parent n'échappe à ce dilemme. Camille est-elle vraiment malade ? Devrait-elle demeurer à la maison ? Vaudrait-il mieux l'emmener chez le pédiatre ? Essaie-t-elle d'éviter quelqu'un ou quelque chose à la prématernelle ? Reçoit-elle suffisamment d'attention de ses parents ? Ou a-t-elle simplement besoin d'une journée tranquille à la maison avec papa et maman ?

La mère de Camille devra évaluer la situation et y aller selon ce qu'elle croit être le plus approprié. Il ne faut surtout pas que Camille retienne qu'il lui suffit de s'apitoyer sur elle-même pour qu'on réponde à ses besoins.

Si sa mère soupçonne que le mal de ventre n'est qu'une excuse pour ne pas aller à la prématernelle, elle pourrait poser certaines questions à Camille : « Quelle est la pire chose qui pourrait se produire si tu allais à la prématernelle aujourd'hui ? » ou « Si tu n'allais pas à l'école aujourd'hui, qu'aimerais-tu faire ? » ou « Comment voudrais-tu que la journée se déroule ? » ou encore « Que peux-tu faire pour que tout se passe comme tu le souhaites ? »

Le fait de répondre à ces questions pourrait aider Camille à identifier ses réels besoins et désirs, sans pour autant l'encourager à vouloir attirer la pitié. De plus, ce pourrait être pour sa mère l'occasion de mieux comprendre ce que Camille vit au quotidien. Parfois, lorsque les enfants font semblant d'être malades, il s'agit d'un moyen d'obtenir de l'attention. Il serait bon alors de se demander si nous avons été particulièrement débordés ou préoccupés récemment. Peut-être avons-nous besoin de ralentir, de faire le point et de passer un peu plus de temps avec nos enfants.

Une autre façon pour les enfants de s'apitoyer sur eux-mêmes consiste à dire : « Je ne suis pas capable. » Il peut s'agir de l'excuse ultime justifiant le refus d'acquérir de nouvelles habiletés. L'enfant dit au parent : « Tu ne peux pas me demander de faire ce que tu veux. Je n'en suis tout simplement pas capable. » Pourtant, ce qu'il cherche à dire au fond, c'est : « Je ne veux pas » ou, avec plus de détermination encore, « Je ne le ferai pas ».

Si nous tombons dans le piège, c'est comme si nous approuvions l'affirmation de notre enfant qui prétend ne pas être capable. Ce n'est pas le message que nous voulons lui transmettre. Même si cela est difficile, il y a des moments où nous devons pousser nos enfants, ignorer leurs excuses et réaffirmer nos attentes. Du même coup, nous ferions bien de les aider à définir et à reconnaître leur manque d'assurance.

Un garçon de huit ans prénommé Benjamin éprouve des difficultés à faire son devoir de mathématiques. « Je ne suis pas capable de le faire, gémit-il. C'est trop difficile pour moi. »

Le père de Benjamin prend la frustration de son fils au sérieux, mais il ne tient pas compte de sa tentative d'inspirer la pitié et l'encourage à continuer d'essayer. « Tu te souviens, l'an dernier, quand tu avais de la difficulté en maths ? Tu as demandé des explications à ton enseignante et nous avons résolu quelques problèmes ensemble. Tu y es arrivé cette fois-là et tu y arriveras encore aujourd'hui. Jetons un coup d'œil là-dessus. »

Nous pouvons être tentés de manifester de la sympathie à nos enfants lorsqu'ils sont découragés, mais cela ne peut que les inciter à se complaire dans l'apitoiement au moment où ils ont besoin de renforcer leur persévérance. Si le père de Benjamin avait réagi en disant : « D'accord, Benjamin. Je sais que c'est difficile. Pourquoi ne pas laisser tout ça de côté pour ce soir ? », Benjamin aurait pu commencer à croire qu'il n'était pas bon en mathématiques. Nous voulons encourager nos enfants à élargir leurs horizons en les aidant à développer des compétences dans un grand nombre de disciplines et d'activités. Il est particulièrement important de ne pas laisser nos propres lacunes troubler notre perspective dans ce domaine. Si le père de Benjamin éprouve lui-même des difficultés en mathématiques, il peut être porté à être moins exigeant envers son fils. Toutefois, ce ne serait pas dans l'intérêt de Benjamin.

C'est souvent très difficile pour les parents de savoir s'ils doivent aider leur enfant ou non. Dans certains cas, l'aide apportée peut constituer un véritable obstacle. Les enfants ont parfois besoin de terminer des projets seuls afin d'acquérir de la confiance. En revanche, leur refuser notre aide dans certaines situations peut s'avérer nuisible. Lorsqu'un enfant patauge dans les difficultés et qu'il se sent dépassé, il peut être souhaitable qu'un parent intervienne et l'aide de manière à renforcer sa confiance, et non à la miner. Souvent, la meilleure chose à faire consiste à aider l'enfant à démarrer un projet, puis à le laisser continuer seul en l'encourageant à travailler à sa façon.

Les décisions que nous devons prendre en tant que parents quand vient le temps d'offrir ou non notre aide à nos enfants doivent constamment être réexaminées. Les besoins et les compétences de nos enfants changent à mesure qu'ils grandissent. Ce qui peut aider un enfant de trois ans peut, au contraire, nuire à un enfant de cinq ans. Nous devons apprendre à reconnaître le bon moment pour intervenir ou pour rester en retrait, sans jamais cesser de prodiguer des encouragements. Il est important de garder à l'esprit que nos enfants devront forcément affronter certaines difficultés au cours de leur apprentissage et qu'il est bien qu'il en soit ainsi.

Adoucir les moments difficiles

Même lorsque survient une tragédie, la pitié n'est d'aucun secours. Car la pitié est une émotion de distanciation. Nous sommes désolés pour la victime mais en même temps, nous sommes reconnaissants, et peut-être même éprouvons-nous un certain sentiment de supériorité, d'avoir été épargnés. L'empathie, par contre, est un sentiment de proximité qui nous pousse à imaginer ce que ce serait d'être à la place de la victime. Elle s'apparente à la compassion et nous porte tout naturellement à nous demander ce que nous pouvons faire pour aider.

Ce qu'il y a de plus extraordinaire à propos des tragédies est de voir comment elles sont l'occasion, pour plusieurs, de se montrer sous leur meilleur jour. Les victimes d'événements tragiques se relèvent souvent avec une force et un courage étonnants. Les enfants handicapés, notamment, en apprennent habituellement beaucoup plus à leurs parents sur l'art de vivre que ces derniers ne pourront jamais leur en apprendre. Même les enfants souffrant de maladies incurables trouvent généralement la force de ne pas s'apitoyer sur eux-mêmes. Ils peuvent se sentir découragés par moments, mais ils passent vite à autre chose.

Christine, une fillette de dix ans, est atteinte d'un cancer. Elle fait souvent la navette entre sa classe de cinquième année et le pavillon des enfants cancéreux à l'hôpital. Elle a perdu ses longs cheveux blonds. Elle aurait pu passer son temps à se cacher et à s'apitoyer sur son sort, mais, avec l'aide de sa famille, elle a réussi à mener une vie normale pour une enfant de son âge. Elle a noué un foulard sur sa tête et elle a continué à aller à l'école, à faire ses devoirs et à sortir avec ses amis. Pendant qu'elle en avait encore la force, elle a invité tous ses camarades de classe à une grande fête. Elle et ses amis se sont beaucoup amusés.

Si ses camarades n'avaient éprouvé que de la pitié pour elle, ils n'auraient pas pu jouer à la *tag* avec autant d'enthousiasme, poursuivant Christine avec autant de vigueur qu'ils couraient après les autres. Il ne faut pas croire que ces enfants n'étaient pas au courant de l'état de Christine ou qu'ils n'éprouvaient aucune compassion pour elle. Ils avaient discuté de la situation avec leur enseignante et avaient tenté d'imaginer comment Christine pouvait se sentir. Parce qu'ils avaient parlé ouvertement de la maladie de Christine et qu'ils en comprenaient les implications, ces enfants étaient en mesure d'offrir leur soutien à leur compagne et de l'intégrer dans leurs activités au lieu de l'exclure maladroitement dans le but de la protéger.

Des solutions, pas de la compassion!

Juliette, âgée de dix ans, s'affale sur le canapé à côté de sa mère et déclare d'un ton plaintif: «Je suis la seule à ne pas avoir été invitée à la fête de Mélissa.»

Sa mère devine tout de suite où cette conversation les mènera. Elle passe un bras autour des épaules voûtées de sa fille et demande: «La *seule*?»

«En fait, avoue Juliette, il y a en a quelques autres qui n'y vont pas non plus.»

«Qu'est-ce que tu voudrais faire ce soir-là?» lui demande sa mère.

«Je pourrais rester ici à me morfondre», répond Juliette. Toutefois, elle jette un coup d'œil intrigué à sa mère.

«C'est une solution», dit la mère de Juliette, qui évite le piège en refusant de s'apitoyer sur le sort de sa fille.

«Est-ce que je pourrais inviter à coucher les autres filles qui ne vont pas à la fête?» demande Juliette.

«Ce serait amusant, répond sa mère. Tu pourrais aussi préparer des carrés au chocolat, ceux que tu aimes tant.»

C'est pour nous l'occasion d'aider nos enfants à faire de bons choix lorsque se présentent de telles situations. En prêtant l'oreille à leurs sentiments et en leur proposant des solutions ou, mieux encore, en les guidant pour qu'ils les trouvent eux-mêmes, nous détournons nos enfants de l'apitoiement et les encourageons à se prendre en main. Notre confiance en leur force intérieure les aidera à développer l'assurance dont ils ont besoin pour avoir confiance en eux à leur tour. Cela vaut mieux que de leur témoigner notre sympathie.

Si un enfant vit dans le ridicule, il apprend à être timide

La vérité à propos du ridicule, c'est qu'il est cruel. Ce qui est moins vrai, c'est que ce n'est que pour rire. « Oh! allez, je plaisantais. On ne peut plus s'amuser maintenant ? » Le fait de rationaliser le ridicule de cette façon jette le blâme sur la victime, quelle que soit sa réaction. La personne ridiculisée se retrouve dans une impasse. Si elle manifeste son agacement, elle risque d'être ridiculisée davantage. Si elle tolère le ridicule, c'est son estime de soi qui en souffre.

Un enfant qui est souvent ridiculisé ignore s'il vaut mieux tenter de raisonner ou d'éviter la personne qui s'en prend à lui. Cette confusion entraîne de l'ambivalence, comme si on appuyait simultanément sur la pédale de frein et sur l'accélérateur d'une voiture. Au cœur du conflit, l'enfant peut devenir hésitant, timide et peu enclin à tenter de nouvelles expériences, évitant d'attirer l'attention sur lui.

Le type de timidité qui se manifeste chez les victimes du ridicule est différent de la timidité naturelle et innée qu'on remarque chez certains enfants. Ceux-ci semblent avoir besoin de plus de temps pour créer des liens avec les autres dans des situations nouvelles et nous devons accepter ce trait de leur personnalité. Néanmoins, les enfants qui deviennent timides et qui demeurent à l'écart pour tenter d'éviter le ridicule ont besoin de notre aide. C'est notre devoir de les écouter, d'éclaircir la situation et de les aider à trouver des solutions pour faire face à ce problème.

Le « savoir-rire »

Le ridicule et le rire vont souvent de pair, mais ils ne sont pas des compagnons naturels. En fait, le ridicule peut être considéré comme une subversion du rire. À son état le plus sain et le plus pur, le rire partagé nous procure une sensation de bien-être et de relaxation et contribue à la naissance de nouvelles amitiés. En revanche, le ridicule suppose qu'une personne est l'objet de moqueries. On rit aux dépens de quelqu'un. Il peut être difficile pour les enfants de distinguer le rire sain du rire moqueur, surtout lorsqu'ils nous voient nous réjouir des désagréments des autres dans les dessins animés, les bandes dessinées et les films. Lorsqu'un clown fonce dans un mur, nous rigolons. Nous devons expliquer à nos enfants que la comédie et la réalité sont des choses différentes et que, dans la réalité, nous ne rions pas d'une personne qui se blesse ou qui échoue, mais que nous tentons plutôt de l'aider. Sinon, les enfants pourraient ne pas comprendre que c'est mal de rire des embarras des autres et, lorsqu'ils entendront des gens s'esclaffer devant une personne en difficulté, ils s'esclafferont à leur tour.

Mathieu, un garçon de dix ans qui n'a rien d'un athlète, se présente au marbre pour frapper lors d'un match de baseball au terrain de jeu de son quartier. Les membres de l'autre équipe commencent à scander son nom: «Mathieu! Mathieu! Mathieu!» Ils le font avec de plus en plus d'ardeur.

Au début, Mathieu est flatté. Mais après avoir raté un élan, puis deux, il se rend compte que ses adversaires se moquent de lui. D'abord troublé, il sent bientôt la colère monter en lui. Il s'élance encore une fois et est retiré sur trois prises. Les railleries continuent de plus belle alors que son équipe retourne au champ extérieur. Mathieu a le visage tout rouge et il se sent humilié. Il ne sait pas s'il doit quitter le match ou faire comme s'il n'entendait pas les enfants et continuer à jouer.

Le ridicule contamine le rire en y ajoutant le mépris. Cela peut être déroutant pour un enfant, quel que soit son âge. Mathieu ne s'est pas aperçu tout de suite qu'on cherchait à le ridiculiser. Il voulait tout simplement prendre part au plaisir des autres. Lorsqu'il a compris qu'on se moquait de lui, l'embarras s'est emparé de lui. L'insulte était trop subtile au départ pour que

Mathieu prenne conscience de ce qui se passait; déconcerté, il ne savait plus comment réagir.

S'il était souvent l'objet de ce genre de moqueries, Mathieu pourrait facilement se décourager et commencer à éviter les activités de son quartier. La peur d'être ridiculisé suffit à inciter certains enfants à rester en retrait et elle peut parfois déclencher une réticence et une timidité qui se font sentir au quotidien. Lorsqu'un enfant devient trop hésitant, un cycle pernicieux peut s'installer. Les autres enfants perçoivent sa vulnérabilité et peuvent s'en prendre à lui encore davantage, faisant de lui leur souffre-douleur. C'est pénible pour un enfant d'écoper d'un tel rôle et cela représente un prix élevé à payer pour faire partie d'un groupe. Par conséquent, il semble parfois que l'isolement et la solitude soient la seule issue.

Nos enfants peuvent ne pas être en mesure de nous faire part de telles expériences. Ils peuvent se sentir trop humiliés ou embarrassés pour avouer qu'ils ont été l'objet de moqueries. De plus, ils peuvent avoir l'impression que nous ne pouvons pas les aider. Ils n'ont pas tort, car il nous est impossible de les protéger des railleries des autres enfants. L'intervention parentale aggrave même souvent les choses. Cela dit, nous pouvons offrir notre soutien à nos enfants en les encourageant à trouver la force de surmonter le ridicule et de se faire d'autres amis.

Par ailleurs, il faut quelquefois reconnaître que ce sont nos enfants qui ridiculisent les autres. Il n'est pas toujours facile d'être objectifs quand nous constatons que nos enfants aussi peuvent se montrer cruels. Il ne suffit pas de faire une simple réprimande, comme «Ne dis pas ça» ou «Ce n'est pas poli» pour régler le problème. L'enfant pourrait alors se contenter de redoubler de prudence afin de ne pas être entendu la prochaine fois qu'il émettra un commentaire désobligeant. Nous pouvons le sensibiliser aux sentiments des autres en disant: «Imagine ce que tu ressentirais si quelqu'un te disait la même chose» ou «As-tu remarqué son expression lorsque tu lui as dit cela? Je me demande comment il s'est senti.» Nous devons apprendre l'empathie et la gentillesse à nos enfants. La meilleure façon d'y parvenir est d'être là lorsqu'ils ont besoin de nous et de leur dire : « Je suis là ; je comprends. » Si nous faisons preuve d'empathie à leur égard, nos enfants seront beaucoup plus enclins à être à l'écoute des besoins des autres et à les traiter avec gentillesse.

Faire équipe pour lui venir en aide

Même si vous n'avez pas d'influence sur la façon dont les autres enfants traitent les vôtres, vous pouvez les aider autrement. Essayez de remarquer tout signe qui pourrait laisser croire que votre enfant est victime de moqueries : s'il devient soudain renfermé, par exemple, ou anormalement timide ou peu sûr de lui. S'il vous dit que les autres enfants l'injurient, l'insultent ou le menacent, prenez-le au sérieux. Il est inutile de lui dire des choses comme : « Ce n'est pas grave » ou « Oublie tout ça » ou « Ils ne le pensaient pas vraiment ». Votre première réaction doit être d'écouter votre enfant et de l'encourager à exprimer sa peine ou son désarroi. Si votre enfant est à la maternelle ou au premier cycle du primaire, vous préférerez peut-être en discuter avec son enseignante, qui représente une précieuse alliée. Le but d'un tel échange n'est pas de blâmer les autres enfants ni de solliciter la protection de l'enseignante. Il s'agit plutôt de faire équipe pour lui venir en aide.

Claire, une fillette âgée de neuf ans, est constamment rejetée et ridiculisée par un groupe de filles dans sa classe de quatrième année. Son enseignante observe qu'elle est de plus en plus timide et repliée sur elle-même, ce qui la rend d'autant plus vulnérable. La mère de Claire finit par appeler l'enseignante : sa fille pleure tous les soirs à l'heure du coucher parce qu'elle ne veut pas aller à l'école le lendemain. Les parents de Claire et son enseignante se réunissent pour décider de la meilleure façon d'aider la fillette.

Ensemble, ils établissent un plan. Lorsque Claire et les filles qui ont l'habitude de la ridiculiser seront à proximité les unes des autres, l'enseignante éloignera Claire gentiment et la guidera aussi discrètement que possible vers un groupe d'enfants plus réceptifs.

À la maison, les parents de Claire discutent avec elle de la façon dont les vrais amis doivent se comporter l'un envers l'autre et des moyens qui lui permettraient de nouer de nouvelles amitiés. Grâce au soutien de ses parents et de son enseignante, Claire apprendra à aller vers des enfants qui la respectent et elle saura maîtriser les situations où d'autres enfants se montrent peu aimables.

Il nous arrive aussi de dénigrer les autres

Parfois, sans même y penser, c'est nous qui ridiculisons les autres. Nous laissons échapper un commentaire mordant sur un passant ou une connaissance ou bien nous faisons une plaisanterie mesquine aux dépens d'un ami. Nous pouvons ne pas avoir l'impression de faire quelque chose de mal parce qu'il s'agit d'un inconnu ou d'une personne qui n'est pas présente; mais si nos enfants nous entendent, ils croiront que c'est correct de dénigrer les autres.

Une mère m'a raconté l'histoire qui suit: «Dans le parc de stationnement du centre commercial de notre quartier, il y a une jeune femme qui se tient parfois sur le trottoir et qui agite la main en direction des voitures qui circulent. Elle sourit et chante sans arrêt tout en se promenant. L'autre jour, elle se tenait à la sortie du supermarché. Une femme qui marchait devant moi a dit à sa fille d'environ sept ans: "Voilà encore cette folle."

«"Maman, ce n'est pas gentil de dire ça", a répondu la fillette, visiblement offensée. "Tu aimerais ça, toi, que quelqu'un te traite de folle?"

«En passant à côté d'elles, j'ai dit: "Moi, je l'appelle la dame heureuse." La petite fille a eu l'air soulagée.

«La mère a souri faiblement et a fait remarquer: "C'est vrai qu'elle a l'air heureuse."»

Ce sont quelquefois les enfants qui nous font la leçon.

Non au ridicule dans la famille

En tant que parents, nous commettons parfois l'erreur classique de ridiculiser ou de taquiner nos enfants en pensant que cela les endurcira. Il va sans dire que le ridicule n'est pas une méthode efficace pour accroître la force de caractère. Au mieux, l'enfant adoptera une attitude fanfaronne dans le but de se protéger, ce qui n'a rien à voir avec la véritable force intérieure.

Pascal, âgé de douze ans, fait partie de l'équipe locale de soccer. Son père, qui a déjà été le joueur étoile de son équipe de soccer dans sa jeunesse, prétend que Pascal n'est pas assez combatif sur le terrain. Il essaie donc de le motiver. Mais au grand désespoir de Pascal, la tentative de motivation prend la forme de moqueries au cours de l'entraînement, devant tous ses coéquipiers.

« Qu'est-ce que tu fabriques ? Tu attends qu'on te serve le thé ? Vas-y, cours après le ballon ! » crie le père de Pascal en bordure du terrain. Pascal hoche la tête et rejoint les autres, bouillant de rage et serrant les dents, trop furieux et trop frustré pour se concentrer sur le jeu.

Son père voulait peut-être bien faire. Il ne s'est probablement pas rendu compte que ses remarques étaient humiliantes et cruelles. Peut-être a-t-il simplement répété le genre de choses qu'on lui disait quand il jouait au soccer. Malheureusement, non seulement il n'a pas du tout aidé le jeu de Pascal, mais il a également nui à sa relation avec son fils.

Les railleries entre les enfants d'une même famille prennent souvent une tournure plus malicieuse, car ces derniers sont experts dans l'art de se harceler par le biais de sarcasmes, d'injures et autres tactiques malveillantes. Frères et sœurs connaissent leurs faiblesses respectives et ne ratent pas une occasion de les prendre pour cible.

Geneviève sait que son jeune frère aimerait bien devenir ami avec le garçon qui vient d'arriver dans le quartier. Les deux garçons possèdent une planche à roulettes et ils ont à peu près le même âge. Chaque fois que Geneviève les voit ensemble, elle s'arrange pour passer devant eux à bicyclette et crie quelque chose comme : « Hé, l'incontinent ! As-tu fait pipi au lit la nuit dernière ? »

Il ne s'agit pas ici d'une taquinerie inoffensive, mais bien d'une moquerie cruelle et dévastatrice. L'exposition quotidienne au ridicule au sein d'une famille est préjudiciable et rendra l'enfant réticent à prendre part à ses activités journalières. Les parents doivent prendre conscience de ce qui se passe réellement entre frères et sœurs, surtout en leur absence. Ils doivent s'interposer, fixer des limites claires et appliquer des conséquences appropriées, de sorte que tous les enfants d'une même famille puissent se sentir bien et en sécurité dans leur propre foyer.

La famille, un havre de paix

Tout le monde est victime de plaisanteries ou de railleries un jour ou l'autre et il n'existe aucun moyen d'épargner à nos enfants l'expérience du ridicule, à un degré ou à un autre, au cours de leur enfance. Toutefois, si nous faisons de notre foyer un havre de paix, nos enfants le considéreront comme un endroit où ils peuvent être eux-mêmes, tout simplement, sans subir de pressions. De plus, je crois que les parents qui reconnaissent qu'ils commettent eux aussi des erreurs et qui essaient ardemment d'en tirer des leçons créent un environnement plus chaleureux et plus favorable à l'épanouissement de tous les membres de la famille. Les enfants apprennent par l'exemple que ce n'est pas la fin du monde lorsqu'ils font un faux pas. Les adultes apprennent encore, eux aussi, et ils arrivent même à rire de leurs erreurs. Quand les membres d'une même famille parviennent à rire ensemble, sans que personne ne soit l'objet de ridicule, la timidité n'a plus sa raison d'être.

Si un enfant vit dans la jalousie, il apprend à envier

La jalousie découle de notre façon de voir les choses. Nous pouvons trouver que la pelouse du voisin est plus verte que la nôtre, que sa voiture est plus performante que la nôtre et que sa maison est plus somptueuse que la nôtre, ou nous pouvons être satisfaits et profiter de notre propre pelouse, de notre propre voiture et de notre propre maison.

La vérité, c'est qu'il y aura toujours des gens qui posséderont plus de choses que nous, mais qu'il y aura toujours aussi ceux qui en ont moins. C'est à nous de décider comment vivre avec cet état de fait. Si nous sommes insatisfaits, que nous nous comparons constamment à ceux qui ont plus de choses que nous et que nous les envions, il est probable que nos enfants suivront nos traces et qu'ils mèneront leur vie sous le signe de la jalousie et de la déception.

Il faut que nous maîtrisions nos sentiments de jalousie de sorte que nos enfants puissent apprendre à apprécier ce qu'ils ont plutôt que de soupirer pour ce qu'ils n'ont pas.

Là où la comparaison n'est plus saine

Il est normal, inévitable et, en fait, essentiel à notre existence de remarquer les différences et de comparer. La capacité de déceler des différences constitue un élément déterminant dans l'acquisition de l'esprit d'observation et de l'esprit critique. Ce sont les conclusions que nous tirons de nos comparaisons qui peuvent être destructrices, nous entraînant sur le chemin de la jalousie et de l'envie.

Des fillettes jouent dans la cour pendant que leur mère jardine, lorsque leur père tourne dans l'allée au volant d'une voiture toute neuve. Leur mère est ravie qu'elle soit de la couleur qu'elle voulait et les filles sont tout excitées. C'est la première voiture neuve de la famille, une surprise de taille! Leur père en est très fier.

Tous les membres de la famille prennent plaisir à entretenir la voiture neuve. Au cours de l'été, les filles aident à la laver chaque week-end et, lorsqu'elles montent à bord, elles prennent soin de ne pas mettre leurs chaussures sur les banquettes et de ne pas manger.

L'automne venu, un voisin s'achète une nouvelle voiture plus luxueuse à moindre prix. En apprenant la nouvelle, le père est très affecté. « J'aurais peut-être mieux fait d'acheter ce modèle, dit-il. Si seulement j'avais attendu encore quelques mois, j'aurais fait une meilleure affaire. »

La mère se montre rassurante. « Ça n'a pas d'importance, dit-elle. Notre voiture nous convient parfaitement. »

Le père a l'impression qu'elle ne comprend pas et ses paroles ne lui sont pas d'un grand réconfort. Les filles ne voient pas exactement où est le problème, mais elles ne manquent pas d'observer un changement d'attitude chez leur père à l'égard de leur voiture. Elles constatent qu'il regarde celle du voisin avec envie chaque fois qu'il la voit reculer dans l'allée. Elles savent bien qu'il est jaloux même si elles ne comprennent pas pourquoi. Malheureusement, sa perte d'enthousiasme est contagieuse. Bientôt, la voiture n'a plus rien d'extraordinaire aux yeux des filles. Il leur arrive maintenant de grignoter sur la banquette arrière et de jeter les miettes sur le plancher.

L'attitude du père a non seulement affecté son bien-être, mais aussi celui de sa famille. Sa jalousie a laissé croire à ses filles que la valeur d'une personne dépend de ce qu'elle possède. Ce n'est pas le genre de message que nous voulons transmettre à nos enfants.

Cependant, la comparaison ne mène pas toujours à de telles conséquences. Elle peut tout aussi bien conduire à l'appréciation et à l'admiration. Si le père avait su considérer la bonne fortune de son voisin et la sienne comme deux choses distinctes, il aurait pu admirer la voiture de ce dernier de même que son habileté à conclure de bonnes affaires tout en continuant d'apprécier la sienne.

Parfois, ce ne sont pas les biens matériels qui suscitent notre envie, mais les enfants des autres. Cela est plus susceptible de se produire si nous considérons nos enfants comme des prolongements de nous-mêmes et que nous croyons que leurs réussites ont une incidence sur notre réputation. Le fait de fusionner notre identité avec celle de nos enfants prépare le terrain pour d'éventuelles comparaisons qui mèneront directement à une compétition malsaine. Soudain, cela devient capital pour nous de voir à qui sera l'enfant qui marchera le premier, qui fera partie de l'équipe de hockey, qui décrochera une bourse, qui aura la plus belle apparence, qui comptera le plus grand nombre d'amis et qui fréquentera le collège le plus réputé.

Une jeune mère m'a dit un jour: «Je me rappelle avoir écouté un enfant lire une histoire avec des mots compliqués alors que ma fille ne s'intéressait même pas encore à la lecture. J'étais rongée par la jalousie. Je me suis surprise à souhaiter non seulement que ma fille puisse lire comme cet enfant, mais que cet innocent petit bonhomme de quatre ans trébuche sur un mot de trois syllabes et qu'il se taise. À ce moment-là, j'ai pris conscience du caractère malfaisant de mon envie et cela ne m'a pas plu du tout.»

Il y aura toujours des enfants qui seront meilleurs, plus rapides, plus brillants ou plus beaux que les nôtres, nous fournissant un nombre illimité d'occasions de manifester notre envie. Encore une fois, nous avons la possibilité de choisir notre façon de voir les choses. Au lieu de nous attarder sur les inaptitudes de nos enfants, il vaut beaucoup mieux mettre l'accent sur leurs forces. Ainsi, lorsque les inévitables comparaisons surviennent, nous sommes en mesure d'apprécier ce qui distingue chaque enfant. De plus, nous devons reconnaître que les succès et les échecs de nos enfants sont les leurs, et non les nôtres. Nous aimons nos enfants et c'est tout à fait naturel que nous nous réjouissions de leurs réussites et que nous nous désolions de leurs échecs. Néanmoins, nous devons nous assurer que nos espoirs et nos attentes envers eux tiennent compte de *leur* personnalité et de *leurs* talents, et non de nos propres aspirations non réalisées.

La rivalité fraternelle : prudence !

Il est normal pour les enfants d'une même famille de se disputer l'attention et les louanges de leurs parents. Le fait de les comparer ou, pire encore, de favoriser l'un d'eux au détriment d'un autre, intensifie considérablement cette rivalité naturelle et réduit les chances de voir ces enfants devenir amis plus tard au cours de leur vie.

La mère de Marilou essaie d'encourager sa fille de sept ans : « J'espère que tu travailleras plus fort pour améliorer ton écriture. Si tu fais des exercices, tu pourras avoir une belle calligraphie comme ta sœur. »

Marilou jette un regard à l'autre bout de la table où sa sœur de dix ans fait ses devoirs en silence. Elle est la préférée des enseignants, la préférée des autres enfants, même la préférée de leur mère. Marilou ne sait plus si c'est sa sœur qu'elle doit détester ou elle-même.

« Je ne suis bonne à rien. Mon crayon fait des taches. Et je déteste apprendre l'écriture », lance-t-elle soudain avant de se réfugier dans sa chambre pour pleurer.

Lorsqu'un enfant réagit aussi négativement à quelque chose que nous venons de dire, c'est signe que nous devons réexaminer nos intentions. Impulsivement, la mère de Marilou se tient sur la défensive et se demande pourquoi sa fille se montre si peu raisonnable. Cependant, si elle prend le temps de réfléchir à la question, elle se rendra compte qu'elle a fait une comparaison injuste et qu'elle a provoqué la jalousie de Marilou à l'endroit de sa sœur. Elle doit s'efforcer de comprendre les sentiments de sa fille et lui présenter des excuses. Les enfants sont étonnamment généreux quand vient le temps de pardonner, surtout lorsque les parents sont prêts à reconnaître leurs erreurs. De plus, il est important que la mère de Marilou fasse savoir à sa fille que, dorénavant, elle ne la comparera plus à personne d'autre qu'à elle-même.

Il reste que, même si nous sommes constamment sur nos gardes, ce qui est impossible, et que nous surveillons la moindre de nos paroles, nous n'arriverons jamais à éliminer la rivalité entre les enfants d'une même famille. Le plus souvent, ce type de jalousie se manifeste de façon très élémentaire. La mère de Lili et de Grégoire coupe des morceaux de gâteau pour le dessert. Les jumeaux de cinq ans l'ont à l'œil, prêts à protester à la moindre injustice. Or, il est très difficile de trancher deux parts de gâteau parfaitement égales. Il y a toujours quelqu'un qui finit par avoir un plus gros morceau ou plus de glaçage. Vous devez faire de votre mieux. La simplicité de cet exemple peut vous faire sourire, mais c'est précisément l'accumulation de ce genre d'incidents tout au long de l'enfance qui font que certains enfants ne cesseront jamais de penser : «C'est toi que maman aimait le plus.»

Prenez au sérieux les sentiments de jalousie de votre enfant et, dès que l'occasion se présente, faites votre possible pour rétablir l'équilibre. Souvenez-vous que le gâteau est le symbole de l'amour et de l'attention que les parents portent à leurs enfants. En insistant pour obtenir des parts égales du gâteau, les enfants peuvent exprimer de façon détournée leur besoin de se sentir aimés également. Au lieu de leur faire sentir que ce sont des enfantillages, nous pouvons répondre généreusement à ces besoins, ouvrant la voie afin qu'ils fassent de même avec les autres.

Le besoin de faire comme les autres

«Sophie s'est fait faire des mèches. Pourquoi est-ce que je ne peux pas, moi?»

«Mais Philippe a des chaussures de sport comme celles-là...»

«Tout le monde a les oreilles percées. Je veux les faire percer, moi aussi.»

Des enfants de tous âges peuvent envier les autres, selon ce qu'ils souhaitent avoir: de beaux vêtements, des amis, de meilleures notes, une voiture, des cheveux bouclés, des cheveux raides... Ils sont persuadés que, s'ils ont la même chose qu'eux, ils deviendront pareils à ceux qu'ils admirent: «Si je porte ce genre de vêtements, je serai populaire comme Arianne» ou «Quand j'aurai de nouvelles chaussures de basket, je jouerai aussi bien que Jean-François».

Les enfants confondent facilement habiletés et biens avec bien-être. Ils s'imaginent avoir besoin de certaines choses pour devenir populaires ou athlétiques, et ils croient qu'une fois qu'ils les auront, ils seront bien dans leur peau. Malheureusement, cette façon d'aborder la vie ne mène qu'à la déception, comme la plupart d'entre nous l'ont appris à leurs dépens.

Au cours de la préadolescence et de l'adolescence, alors qu'ils passent plus de temps avec leurs pairs qu'avec leurs parents, les jeunes peuvent devenir obsédés par le désir de posséder certaines choses. C'est également durant cette période qu'ils apprennent à penser de façon abstraite et philosophique et qu'ils commencent à définir leur place dans le monde. Cette étape pouvant s'avérer pour le moins intimidante, les adolescents cherchent alors refuge au sein d'un groupe. Il devient alors primordial pour eux de s'intégrer.

Nous devons aider nos enfants à prendre conscience qu'il est normal et même souhaitable qu'il y ait des différences entre les individus. Nous voulons qu'ils aient suffisamment confiance en eux pour ne pas ressentir le besoin d'imiter d'autres enfants ni rêver de posséder certains objets dans le but d'être acceptés. Un adolescent qui a une forte image de lui-même sera moins porté à imiter les autres.

Cela ne veut pas dire que les enfants ne devraient pas être influencés par leurs amis. Ce n'est pas la même chose de prendre modèle sur un ami que l'on admire et de l'imiter. L'admiration peut encourager nos enfants à se fixer des buts et à accomplir des choses qu'ils n'auraient peut-être pas faites autrement. Même s'il n'atteint pas son objectif, un adolescent inspiré par l'appréciation et l'admiration, et non par l'envie, aura plus de facilité à percevoir la situation dans son ensemble. «C'est Valérie qui a été nommée capitaine. Je suis déçue, mais je sais qu'elle fera du bon travail. Il semble que notre équipe sera très forte cette année. Nous espérons remporter tous nos matchs», dit Maude, qui espérait être élue capitaine de son équipe de volley-ball.

Les adolescents ont besoin de notre aide durant cette période où ils se cherchent. Tandis qu'ils cheminent sur le terrain miné qu'est l'adolescence, il est absolument essentiel que nous soyons là pour eux. Nous pouvons les aider à identifier leurs plus grandes qualités et leur apprendre à les mettre en valeur. La meilleure façon d'y arriver est d'être à l'écoute, particulièrement dans les moments inusités: dans la voiture, avant d'aller au lit, en préparant des biscuits ou en travaillant dans le jardin ensemble. Ces occasions d'échanger surviennent inopinément et c'est en partie ce qui explique qu'on ne puisse pas toujours programmer les moments «de qualité» que nous souhaitons passer avec nos enfants. Le secret, pour bien les écouter, consiste à leur prêter attention lorsqu'ils expriment leur pensée et leurs sentiments, et à leur présenter notre propre point de vue en respectant leur besoin grandissant d'indépendance. Lorsque nos adolescents s'ouvrent à nous, il faut éviter de leur dire quoi faire. Nous voulons les encourager à faire preuve d'autonomie intellectuelle et non de servilité.

S'accepter tel que l'on est

En tant que parents, nous avons le choix quant au regard que nous voulons porter sur nos enfants et nous avons la responsabilité de choisir, de voir et d'apprécier ce qui est unique en chaque enfant. Lorsque nous valorisons nos enfants, ils apprennent à se valoriser aussi. En prêtant une oreille attentive à leurs souhaits, à leurs inquiétudes, à leurs rêves, à leurs blagues et à leurs désirs, nous leur rappelons qu'ils comptent pour nous, que nous les aimons et que nous apprécions leurs qualités, et que nous ne voudrions pas qu'ils soient différents.

Nous pouvons également les aider à s'accepter tels qu'ils sont en leur montrant que nous nous acceptons aussi tels que nous sommes, avec nos qualités, nos faiblesses et nos forces. Il n'existe pas de meilleure raison pour enfin faire la paix avec nous-mêmes et accepter nos propres défauts que de songer que, par notre exemple, nous pouvons aider nos enfants à s'accepter tels qu'ils sont et à mener une vie aussi enrichissante que possible.

Si un enfant vit dans la honte, il apprend à se sentir coupable

Nous voulons que nos enfants sachent distinguer le bien du mal. Ils mettront de nombreuses années, voire toute une vie, à acquérir cette notion. Nous pouvons commencer par leur enseigner qu'ils ne doivent pas enlever les jouets à leurs amis, qu'il faut payer la gomme à mâcher que l'on prend au magasin et qu'il est injuste et mal de tricher. À mesure qu'ils grandissent, nous pouvons aider nos enfants à débattre de questions éthiques plus complexes : Est-ce qu'il est parfois permis de mentir ? Que doit-on faire lorsqu'on découvre qu'un ami a fait quelque chose de mal, par exemple ? C'est le travail de toute une vie que de développer un profond sens moral, mais nous pouvons aider nos enfants à partir du bon pied.

Comment montrer à nos enfants à discerner le bien du mal ? Nous espérons qu'ils apprendront, en suivant notre exemple, à être bons et aimables, mais comment réagir lorsqu'ils ne le sont pas ? Que devons-nous faire quand leur conduite est nettement répréhensible, lorsqu'ils blessent quelqu'un ou qu'ils s'adonnent au vandalisme, par exemple ? Nous voulons qu'ils sachent que nous ne tolérerons pas qu'ils s'en prennent aux autres ou à eux-mêmes. Nous souhaitons également qu'ils admettent leurs erreurs, qu'ils regrettent leurs écarts de conduite et leurs gestes inacceptables et qu'ils en subissent les conséquences. Ainsi, ils tireront une leçon de leurs erreurs.

Par ailleurs, nous ne voulons pas que nos enfants vivent dans la honte et qu'ils éprouvent un sentiment de culpabilité. Ils se sentiront rabaissés si nous les blâmons et si nous les couvrons de honte, ce qui peut entraîner un manque de confiance en soi ou un sentiment général de dépréciation. Aussi, nous ne devrions pas nous servir de la honte que ressentent nos enfants pour les manipuler ou les faire obéir. Nos meilleurs alliés en ce qui concerne l'éducation de nos enfants demeurent le soutien et les encouragements, et non les punitions.

Heureusement, la majorité d'entre nous n'élevons pas des enfants qui cherchent délibérément à blesser les autres ou à faire du vandalisme. Habituellement, ce sont des gestes involontaires et irréfléchis qui demandent notre intervention, lorsque notre enfant arrache un jouet à un ami, par exemple, lorsqu'il laisse la cuisine dans un état lamentable ou lorsqu'il emprunte des choses sans demander la permission. Quand cela se produit, c'est notre devoir de parents d'aider nos enfants à comprendre comment ils en sont venus à faire un tel geste et de leur suggérer différents moyens d'en assumer la responsabilité et de réparer le tort qu'ils ont causé.

Tirer une leçon des incidents et faire échec à la culpabilité

Lorsque nos enfants volent, mentent ou trichent, notre première réaction est souvent de nous mettre en colère et, tristement, de présumer le pire. Dans ces moments-là, il est important de laisser à nos enfants le bénéfice du doute. Peut-être ne comprennent-ils pas très bien les règles qu'ils ont transgressées. Au lieu de les réprimander ou de les gronder, nous pouvons transformer ces incidents en enseignements profitables. En prenant garde de tirer des conclusions hâtives et en laissant nos enfants nous expliquer les raisons qui ont motivé leur geste, nous pouvons être assurés qu'ils auront désormais une meilleure idée de ce que l'on attend d'eux et que leur estime de soi sera intacte.

La mère de Mélissa remarque que son portefeuille est ouvert dans son sac à main et que toute la monnaie qui s'y trouvait a disparu. Elle est seule à la maison avec sa fille de sept ans. Elle va trouver Mélissa dans sa chambre et, en prenant soin de s'en tenir aux faits, annonce: «J'ai remarqué qu'il n'y a plus une seule pièce de monnaie dans mon portefeuille.»

Occupée à jouer à la poupée, la fillette lève les yeux.

Sa mère continue: «Mon portefeuille était ouvert dans mon sac à main. J'ai pourtant l'habitude de le fermer. Je me demande ce qui s'est passé.»

Mélissa s'explique: «Le marchand de crème glacée passait dans le coin et j'avais besoin d'argent pour m'acheter un *Popsicle*. Comme tu étais au téléphone, j'ai pris l'argent moi-même, mais je n'ai pas réussi à refermer la fermeture éclair de ton portefeuille. Je suis désolée.»

Sa mère se retient pour ne pas sourire. C'est bien que Mélissa dise qu'elle regrette, mais elle n'est pas désolée pour les bonnes raisons. Sa mère s'assoit à côté d'elle parmi les poupées et déclare doucement, mais fermement: «Mon portefeuille et mon argent m'appartiennent. Je ne prends pas ton argent et tu n'as pas le droit non plus de prendre le mien.»

Si c'est le premier incident de ce genre, Mélissa et sa mère peuvent convenir que la fillette remboursera sa mère avec son allocation. Si c'est la deuxième fois, la conséquence peut être plus lourde. Mélissa peut être privée de son émission de télévision préférée. Enfin, si c'est devenu une habitude pour la fillette de prendre de l'argent qui ne lui appartient pas, sa mère devra songer à une intervention plus sérieuse, et peut-être même envisager de consulter un professionnel afin de déterminer ce qui pousse Mélissa à voler.

La mère de Mélissa ne rabaisse pas sa fille parce qu'elle a pris de l'argent, mais elle lui indique clairement que c'est mal et inacceptable d'agir comme elle l'a fait. Mélissa se sentira peut-être coupable en raison de sa mauvaise conduite, mais elle n'aura pas l'impression d'être une mauvaise personne.

Afin de l'aider à mieux gérer la situation la prochaine fois, sa mère lui dit: «Tu voulais de l'argent pour t'acheter une petite gâterie alors que j'étais occupée. Toutefois, tu n'as pas le droit de prendre de l'argent dans mon portefeuille sans ma permission.

Qu'est-ce que tu aurais pu faire ? »

Mélissa réfléchit bien, puis elle répond : « J'aurais pu attendre, mais le marchand de crème glacée serait parti. » Elle fait une pause et ajoute : « J'aurais pu prendre l'argent dans ma tirelire. »

« Oui, en effet », approuve sa mère.

« J'aurais pu t'écrire une note pour que tu la lises tout en parlant au téléphone. »

« C'est une autre possibilité. »

« J'aurais pu ne pas acheter de *Popsicle* », poursuit Mélissa d'un ton hésitant et sans grand enthousiasme.

« Ce n'est pas la meilleure solution », dit sa mère en riant et en l'étreignant. « Mais la prochaine fois, tu me demandes la permission avant de prendre de l'argent, d'accord ? »

Grâce aux questions de sa mère, Mélissa peut tirer une leçon de cet incident en évaluant sa conduite et en réfléchissant à différents moyens de satisfaire son envie d'une friandise glacée de façon appropriée. Ces questions ne la déprécient pas en faisant naître chez elle un sentiment de honte ou de culpabilité. Au contraire, elles lui permettent de se sentir valorisée puisqu'elle assume davantage ses responsabilités.

Épargner l'amour-propre des enfants

Le désordre dans la chambre de Justine est indescriptible. Sa mère est à bout de patience. D'un ton accusateur, elle dit à sa fille de onze ans : « Qu'est-ce qui ne va pas chez toi ? Comment peux-tu vivre dans une telle porcherie ? Tu devrais avoir honte de toi ! »

Justine courbe les épaules et se dirige vers sa chambre d'un air abattu : « Bon, d'accord ! » Puis elle range sa chambre.

Pourtant, même après avoir fait ce que sa mère attendait d'elle, Justine a toujours l'impression que quelque chose ne va pas chez elle. Le recours à l'humiliation pour inciter un enfant à adopter la conduite souhaitée n'aura pour résultat que de le déprécier. L'enfant n'éprouve pas la satisfaction de faire plaisir à sa mère et cette façon de faire n'entraînera pas nécessairement le changement escompté dans son comportement à long terme.

La mère de Justine doit prendre conscience que c'est la chambre de sa fille qui n'est pas présentable, et non sa fille. Une demande claire comme : « Je veux que tu ranges ta chambre immédiatement » aurait exprimé sa désapprobation tout en épargnant l'amour-propre de Justine. Elle aurait même pu ajouter : « C'est une véritable zone sinistrée et je ne peux plus supporter ça », indiquant clairement que c'est le désordre qui est insupportable, et non l'enfant.

Il n'y a pas de sentiments déraisonnables

Devenus adultes, nous avons souvent du mal à nous souvenir de ce que c'est que d'être enfant. Parfois, lorsque nos enfants sont bouleversés ou fâchés, nous avons l'impression que leur comportement est ridicule ou déraisonnable. Nous devons nous rappeler qu'ils en sont encore à apprendre à exprimer leurs sentiments et qu'ils n'arrivent pas encore à les rationaliser ou à les compartimenter. Il faut que nous les laissions s'extérioriser sans les couvrir de honte, que leurs sentiments nous paraissent justifiés ou non.

David est un garçon de cinq ans, brillant et actif, qui a extrêmement peur du tonnerre et des éclairs. Par malheur, il y a beaucoup d'orages violents dans la région où il habite. Sa peur se manifeste dès qu'il entend le tonnerre gronder au loin : « J'ai peur, dit-il. Le tonnerre semble tout près. Est-ce que la foudre peut nous atteindre ici ? » Viennent ensuite les gémissements, puis les sanglots et les cris perçants, jusqu'au moment où David va se cacher dans un coin.

Son père ne peut pas supporter le fait que son fils soit effrayé et qu'il ait besoin d'être rassuré et protégé. Au début, il tente de calmer David : « Tu n'as aucune raison d'avoir peur, dit-il. Ne t'inquiète pas, la foudre ne peut pas te frapper ici. »

En voyant que les craintes de David ne s'apaisent pas, son père répète le même message plus fort et avec une certaine impatience. Cela ne fait qu'aggraver la situation : David est encore plus effrayé et son père, encore plus irrité. Ce dernier finit par exploser : « À ta place, j'aurais honte ! Qu'est-ce qui ne va pas chez toi, dis-moi ? » Le père de David ne se contente plus de minimiser les craintes de son fils ; il lui enseigne aussi que c'est honteux d'avoir peur.

Le père de David aurait plus de chances de calmer son fils s'il arrivait à accepter la peur de ce dernier. Il pourrait prendre David sur ses genoux et lui demander, par exemple : « Hé ! Qu'est-ce que tu aimerais dire à monsieur Tonnerre et à monsieur Éclair ? » Cela encouragerait David à verbaliser ses craintes au lieu de les amplifier. Il pourrait même découvrir qu'il peut vaincre sa peur en criant au tonnerre : « Va-t'en ! »

Notre indulgence pour les défauts et les peurs de nos enfants, de même que notre soutien lorsqu'ils les affrontent, leur permettent de grandir en conservant une bonne opinion d'eux-mêmes plutôt que de se sentir humiliés. Aussi insignifiants que ces sentiments puissent nous paraître, chaque enfant a le droit fondamental de les exprimer et de voir ses besoins affectifs comblés. Au fur et à mesure qu'il grandit, ce droit est contrebalancé par la responsabilité qu'il a de s'exprimer de façon appropriée et respectueuse pour les autres. Mais en attendant qu'il ait acquis cette maturité, il n'y a rien à gagner à piquer son amour-propre pour qu'il fasse comme si ses sentiments n'existaient pas. C'est en le laissant exprimer ses véritables sentiments qu'on peut lui rendre le plus grand service. En effet, il devient alors possible de l'aider à surmonter ses craintes et de l'encourager à aller de l'avant et à grandir.

Les encourager à prendre leurs responsabilités

Les jeunes enfants apprennent beaucoup sur la relation de cause à effet par le biais du jeu et de l'expérimentation. Un bambin qui laisse tomber sa cuillère du haut de sa chaise haute est en pleine expérimentation. Pour lui, c'est amusant, surtout lorsque maman ou papa ramasse la cuillère chaque fois, lui permettant ainsi de recommencer. Il prend plaisir à jouer un rôle dans cette relation de cause à effet et il n'y renoncera que lorsque l'autre joueur brisera le cycle en refusant de ramasser la cuillère.

En grandissant, les enfants apprennent peu à peu des moyens plus subtils de provoquer des événements et ils prennent conscience de la façon dont cela affecte les autres. Cet apprentissage coïncide avec l'émergence du sens des responsabilités qui découle naturellement de la participation accrue de l'enfant à la vie familiale. Il n'est pas nécessaire que les enfants ressentent de la honte pour se préoccuper de la tournure des événements ou pour consentir à réparer leurs torts. Même les très jeunes enfants manifestent souvent spontanément le désir d'arranger les choses. Heureusement, la majorité des enfants cherchent à plaire à leurs parents la plupart du temps.

Bastien, âgé de six ans, saisit le carton de jus d'orange dans le réfrigérateur, mais le contenant glisse de ses petites mains et tombe sur le plancher. Sa jeune sœur de dix-huit mois, du haut de sa chaise haute, regarde le carton s'écraser dans un grand éclaboussement. Elle tape des mains en signe d'appréciation. Bastien, quant à lui, réagit avec plus de maturité en prenant conscience du dégât qu'il vient de faire et des ennuis qui l'attendent. Il s'empare d'un torchon et l'agite doucement dans la mare de jus d'orange. Il espère ainsi éponger le jus, mais il ne se rend pas compte qu'il doit tordre le torchon pour y arriver. Aux yeux de sa mère, il semble que Bastien s'amuse à patauger dans le jus qui s'est répandu sur le plancher.

Bastien lève les yeux vers elle, les mains et les genoux tout collants. «Je suis désolé, maman, dit-il. Je vais tout nettoyer.»

Sa mère prend une grande respiration avant de dire quoi que ce soit. Elle constate que Bastien fait de son mieux pour éponger le jus.

«Laisse-moi t'aider, dit-elle. Tu as bien commencé, mais nous serons plus efficaces avec une éponge et un seau.»

Il est d'une importance capitale de remarquer et de louer les efforts que font nos enfants pour réparer leurs torts. Nous voulons reconnaître et encourager leur sens des responsabilités naissant plutôt que de les punir lorsqu'ils font une bêtise. Bastien a reconnu son erreur, s'en est excusé et a fait de son mieux pour arranger les choses. Il n'a peut-être pas été d'une grande efficacité, mais l'intention était louable. Sa mère a accepté ses excuses et a souligné ses efforts pour tout nettoyer. Ainsi, la mère et le fils ont su se tirer habilement d'une situation potentiellement déplaisante, en plus d'expérimenter différentes étapes positives consistant à s'excuser, à prendre ses responsabilités et à pardonner. Ensemble, Bastien et sa mère ont nettoyé le dégât dans la cuisine et ont renforcé leurs sentiments l'un pour l'autre par la même occasion.

Nous devons aussi faire comprendre à nos enfants que le fait de prendre ses responsabilités comporte deux facettes. S'ils savent admettre leurs erreurs, ils doivent aussi savoir endosser leurs succès. Cela leur permettra de tirer de la fierté de leurs réussites et d'y puiser des forces pour mieux continuer à travailler les aspects où il y a encore place à l'amélioration.

Désolé !

Les excuses peuvent faire l'effet d'un baume sur une plaie lors d'une situation où quelqu'un a été blessé. Au cours d'une partie de ballon chasseur particulièrement énergique, un garçon de douze ans prénommé Alexis lance le ballon si fort qu'il renverse une camarade. Le garçon se précipite vers elle.

« Est-ce que ça va ? demande-t-il. Je suis désolé. Je ne voulais pas te faire mal. Veux-tu que je t'accompagne au bureau de l'infirmière ? »

Alexis assume la responsabilité de ce qui vient d'arriver et il regrette sincèrement d'avoir fait mal à cette élève. Il est prêt à l'aider.

Certains enfants, par contre, présentent leurs excuses comme s'ils allaient effacer d'un seul coup de baguette magique le rôle qu'ils ont joué dans ce qui vient de se passer. Ils ne paraissent pas éprouver le moindre sentiment de culpabilité ni la moindre honte.

Ils se comportent comme si leurs excuses leur donnaient le feu vert pour reprendre aussitôt leurs activités ou comme si le pardon était une chose des plus faciles à obtenir, tenant pour acquis que la réponse à leurs excuses sera toujours : « Ce n'est rien. Je comprends. » Un garçon de neuf ans a imaginé une méthode plutôt cynique pour s'excuser. Il a préparé plusieurs notes sur lesquelles il a écrit : *Excuse-moi*. Puis, chaque fois qu'il offense quelqu'un dans la classe ou au terrain de jeu, il remet simplement un de ces bouts de papier à la personne concernée. Lorsque les excuses sont présentées de façon insouciante ou même cavalière, il importe de faire comprendre à nos enfants que cela ne suffit pas.

Nous désirons que nos enfants reconnaissent que leurs faits et gestes affectent les autres. Nous souhaitons qu'ils essaient d'imaginer ce que ressent la personne qu'ils ont blessée ou offensée, délibérément ou non, et qu'ils admettent lui avoir causé un préjudice. Ils seront alors davantage portés à présenter des excuses bien senties et à tenter de réparer leurs torts, plutôt que de s'en tirer avec un simple « Désolé ». Des excuses sincères supposent qu'on reconnaît sa responsabilité, qu'on regrette vraiment et qu'on a l'intention de faire mieux à l'avenir.

Nous pouvons aider nos enfants à développer cette grande qualité qu'est l'empathie en leur prêtant nous-mêmes une oreille attentive. Lorsqu'ils sentent que nous nous efforçons de comprendre leurs sentiments, ils ont moins de difficulté à imaginer ceux des autres. Samuel, âgé de quatre ans, fonce avec son tricycle sur la tour que Christian, son frère aîné, a minutieusement construite à l'aide de cubes. Après avoir emmené Samuel à l'écart et lui avoir imposé un « temps mort », son père s'assoit avec lui et lui demande pourquoi il a détruit la tour de Christian.

Samuel répond qu'il n'était pas content parce que Christian ne jouait pas avec lui.

« À ton avis, comment Christian s'est-il senti en voyant sa tour démolie ? » demande le père des garçons.

« Triste et furieux », répond Samuel.

Son père lui demande alors s'il croit que de détruire la tour de

Christian est un bon moyen d'inciter son frère à jouer avec lui. Samuel reconnaît que non, puis il discute avec son père de meilleures façons d'attirer l'attention de Christian. Son père s'informe aussi de ce qu'il entend faire pour arranger les choses. Samuel propose de présenter ses excuses à Christian et de l'aider à reconstruire sa tour.

Samuel va donc trouver son frère pour lui dire qu'il est désolé; ce dernier accepte ses excuses à contrecœur. Même si, comme on pouvait s'y attendre, Christian a décliné l'offre de Samuel de l'aider à rebâtir sa tour, il a compris que son jeune frère cherchait à se racheter et il a apprécié son geste, à sa façon.

Assumer les conséquences de ses actes

Nos enfants ont besoin de nos conseils pour faire leur place dans un monde régi par des lois et des règles. Tout en les guidant, nous devons nous rappeler que la honte et le sentiment de culpabilité sont des émotions puissantes qu'il faut chercher à épargner à nos enfants. De plus, il ne faut pas oublier que la meilleure façon de les pousser à adopter la conduite souhaitée n'est pas nécessairement de leur jeter le blâme, mais plutôt de les aider à reconnaître que leurs faits et gestes affectent les autres et qu'ils en sont responsables.

Dans un environnement positif et respectueux, la majorité des enfants parviennent à comprendre qu'ils doivent assumer les conséquences de leurs actes. Ils deviennent plus responsables à mesure qu'ils découvrent la relation de cause à effet. Ils font le lien entre l'acte commis et ce qui s'est passé ensuite, et ils sont prêts à réparer leurs torts.

Il faut du temps pour intégrer cette capacité de prévoir et d'évaluer les conséquences possibles de nos actes. En attendant, la patience de tous les membres de la famille peut être mise à rude épreuve. Toutefois, à mesure que nos enfants acquièrent de la maturité, ils apprennent à se fier à leur intuition pour discerner le bien du mal et à admettre que c'est parfois leur faute quand il y a quelque chose qui cloche. Ils savent mieux respecter les sentiments des autres et s'excuser du fond du cœur de leurs erreurs ou de leurs offenses, et ils acceptent d'être pardonnés. Ainsi se décrit le cycle qui mise sur l'apprentissage par la responsabilisation plutôt que par la honte et le sentiment de culpabilité.

Si un enfant vit dans l'encouragement, il apprend à avoir de l'assurance

Le mot «encouragement» a pour racine le mot «cœur». Lorsque nous encourageons nos enfants, nous puisons du courage dans notre propre cœur et le leur transmettons. Il est de notre devoir de les aider et de les soutenir au moment où ils acquièrent les habiletés et la confiance dont ils ont besoin pour devenir autonomes. Cependant, c'est une entreprise qui peut s'avérer fort délicate; c'est un art, et non une science, que de savoir quand intervenir et quand rester à l'écart, quand louanger et quand offrir une critique constructive.

Nos enfants ont besoin de notre appui, mais ils ont également besoin de notre avis sincère quant à leurs progrès alors qu'ils développent et perfectionnent leurs nombreuses aptitudes. Notre présence leur est précieuse, autant pour les aider à avancer que pour les réconforter lorsqu'ils connaissent des difficultés. Ils ont besoin que nous les encouragions à dépasser leurs limites et à élargir leurs horizons. Cela dit, ils doivent savoir qu'ils peuvent compter sur nous, même lorsqu'ils échouent.

Pour bien nous acquitter de notre rôle, nous devons être attentifs aux besoins, aux talents et aux désirs de chaque enfant. Il est très important d'identifier les forces et les faiblesses individuelles: Cet enfant se laisse-t-il facilement décourager ou distraire? Cet autre est-il en mesure de maintenir un intérêt soutenu lors de la réalisation d'un projet? Quel est celui qui a le plus besoin qu'on l'aide et qu'on le guide, et quel est celui qui travaille le mieux seul? Voilà la clé pour s'assurer de fournir à chaque enfant une aide efficace et concrète qui lui permettra d'atteindre son but.

Comment encourager nos enfants

Nous sommes naturellement portés à applaudir nos enfants pour leurs réussites, mais il faut également les féliciter pour les petits pas qu'ils franchissent et qui les conduisent peu à peu vers leur objectif. Il est peut-être exagéré de demander à Sandrine d'être toujours gentille avec son petit frère. Toutefois, lorsqu'elle lui tapote doucement la main ou qu'elle s'emploie à le faire rire lors d'une balade en voiture, il importe de souligner sa gentillesse. « Regarde comme tu l'as rendu joyeux ! » fait remarquer sa mère. Sandrine est rayonnante et fière !

Il existe de nombreuses façons d'aider nos enfants à atteindre leurs buts. Parfois, il vaut mieux intervenir avant que la situation ne se dégrade, tandis qu'à d'autres moments, il est préférable de rester en retrait et de donner l'occasion à nos enfants de résoudre eux-mêmes leurs problèmes. Néanmoins, même lorsque nous les laissons se débrouiller seuls, nous pouvons les encourager d'un simple mot gentil, d'une tape dans le dos ou d'une suggestion qui tombe à point.

Quand nos enfants éprouvent de la frustration pendant la réalisation d'un projet, nous pouvons insister sur ce qu'ils ont accompli jusqu'à maintenant ou sur le degré de difficulté de leur projet plutôt que sur le fait qu'ils n'ont pas encore réussi à atteindre l'objectif visé.

Un garçon de cinq ans prénommé Nathan s'affaire à construire une tour à l'aide de cubes. Il a érigé une structure complexe mais précaire qui menace de s'écrouler sous peu. Lorsque l'inévitable se produit, Nathan fond en larmes et pousse des gémissements de frustration. Heureusement, son père est là pour l'encourager : « J'ai remarqué que ta construction était très haute cette fois, dit-il, presque aussi haute que toi. Veux-tu que je t'aide à en commencer une autre ? » Pendant qu'ils bâtissent une nouvelle tour, le père de Nathan en profite pour montrer à son fils quelques trucs qu'il peut utiliser pour solidifier sa construction. Nathan éprouve la satisfaction de savoir que sa tentative précédente a été remarquée et appréciée ; de plus, il apprend de nouvelles techniques grâce auxquelles il pourra construire des tours encore plus spectaculaires à l'avenir.

Pour encourager nos enfants, il ne suffit pas de les féliciter. Daphnée, une adolescente de quatorze ans, rédige un travail d'histoire portant sur le procès des sorcières de Salem. Son père est ravi de constater qu'elle travaille avec sérieux et qu'elle a pris le temps de réunir de la documentation provenant de différentes sources. Cependant, elle se retrouve maintenant à patauger parmi toutes ces informations, alors qu'elle doit remettre sa rédaction dans deux jours.

« Tu sembles avoir travaillé très fort pour recueillir toute cette documentation », dit le père de Daphnée.

« C'est vrai. Je n'arriverai jamais à lire tout ça. »

« Quels sont les ouvrages auxquels tu te référeras le plus ? Pourquoi ne te concentres-tu pas sur ceux-là d'abord ? S'il te reste du temps, tu pourras toujours te servir des autres. »

Daphnée le regarde avec intérêt. Son père peut presque lire dans ses pensées.

« Ces trois livres sont les plus complets », dit-elle d'un ton qui laisse deviner son enthousiasme et son soulagement. « Je vais mettre les autres de côté pour l'instant. »

Le père de Daphnée a procuré à sa fille exactement le type d'aide dont elle avait besoin. En remarquant que son projet stagnait et en prenant le temps de lui proposer une solution, il a donné à Daphnée le coup de pouce qu'il lui fallait pour relancer son travail et le remettre à temps. Ce type d'aide est beaucoup plus significatif qu'un simple « Beau travail » lancé machinalement.

Les pièges qui nous guettent

Il n'est pas toujours facile d'encourager nos enfants. Lorsqu'ils sont petits, c'est beaucoup plus long de les laisser accomplir certaines tâches eux-mêmes que de le faire à leur place. Quand ils grandissent, ce n'est peut-être plus une question de temps, mais d'effort ; on finit par en avoir assez de toujours leur répéter de faire certaines choses. Peu importe leur âge, pourtant, il faut éviter de tomber dans le piège et de tout faire à leur place. Nos enfants doivent apprendre à devenir responsables et à participer à des tâches quotidiennes adaptées à leur âge et à leurs aptitudes. Et c'est à nous de les encourager à le faire.

Charles apprend à nouer ses lacets. Ce n'est pas facile de faire une boucle quand on a quatre ans et des mains un peu potelées ! Sa mère le regarde avec une impatience grandissante. Ils sont en retard et elle regrette presque de ne pas avoir acheté les chaussures de sport à fermeture velcro.

« Laisse, je vais t'aider », dit-elle. Elle repousse les mains de Charles et s'empresse d'attacher le lacet. Elle le fait si rapidement que le garçon ne peut même pas voir comment elle s'y est prise. Bien déterminé à le faire lui-même, il tire sur le lacet pour mieux recommencer. Le temps continue de filer, la mère et le fils sont tous les deux frustrés et fâchés et le lacet n'est toujours pas noué.

C'est notre devoir de parents d'organiser notre horaire de sorte que nos enfants aient l'occasion de maîtriser certaines habiletés (s'habiller, se brosser les dents, ranger leur chambre, entre autres) sans être stressés ou bousculés par le temps. La vie étant devenue une véritable course contre la montre pour plusieurs d'entre nous, il peut sembler que c'est consentir un bien grand sacrifice que de réveiller tout le monde une demi-heure ou même une heure plus tôt. Pour de nombreux parents qui doivent jongler dans le but de concilier carrière et vie de famille, ce n'est pas toujours possible. Bien entendu, c'est à chaque parent de décider. Mais en pesant le pour et le contre avant de prendre une telle décision, réfléchissez à l'importance de cette question pour votre enfant. Il doit apprendre à accomplir certaines choses lui-même, idéalement dans des circonstances qui lui permettront de se sentir fier de ce qu'il a fait, et non frustré et honteux parce qu'il n'arrive pas à suivre le rythme.

Une autre erreur classique que nous, les parents, commettons souvent, consiste à tenter de protéger nos enfants de l'échec, de la déception ou du mal, les décourageant ainsi, sans le vouloir, de relever de nouveaux défis. Nous ne voulons pas que nos enfants soient blessés, mais il y a pourtant des moments où nous devons les laisser prendre des risques.

Étienne a décidé d'être candidat à la présidence de sa classe de sixième année. Un soir, une fois qu'il est endormi, ses parents discutent de l'élection qui approche.

« Il sera bouleversé s'il ne gagne pas, s'inquiète sa mère. Je n'aurais jamais dû l'encourager à participer à cette élection. »

Son père rit. « Tout ira bien. C'est une bonne expérience pour lui. »

« Même s'il n'est pas élu ? » demande la mère d'Étienne.

« Surtout s'il n'est pas élu. »

Le père d'Étienne a raison. Cette expérience sera très profitable au garçon, quel que soit le résultat des élections. S'il est élu, il va de soi qu'il gagnera confiance en lui. S'il perd, il aura au moins la satisfaction d'avoir donné le meilleur de lui-même pour réaliser quelque chose d'important à ses yeux. La mère d'Étienne doit cesser de surprotéger son fils et l'encourager à grandir, même lorsque l'issue risque de s'avérer difficile à la fois pour elle et pour lui.

Il existe un autre traquenard dans lequel tombent souvent les parents en prononçant cette simple phrase : « Essaie, pour voir. » Quand nous encourageons nos enfants à essayer quelque chose de nouveau « pour voir », qu'il s'agisse d'un légume peu attirant ou d'une tâche déplaisante, nous leur enseignons peut-être involontairement qu'il leur suffira d'essayer, sans plus. Aux yeux d'un enfant qui cherche à se dérober, le fait d'avoir « essayé, pour voir » peut constituer une excuse pour ne pas avoir à terminer ce qui doit être fait.

Lorsque nos enfants doivent affronter une situation difficile, il est préférable de mettre l'accent sur leurs capacités plutôt que sur le peu que nous espérons d'eux. Quand nous encourageons nos enfants à « faire leur possible », nous les informons de nos attentes sans faire pression sur eux. Nous exprimons notre confiance en leurs compétences et nous les guidons vers la voie du succès. Il est essentiel de leur communiquer des attentes positives. On ne peut guère se tromper, car à mesure qu'ils acquièrent de l'expérience, des connaissances et une plus grande maturité, la majorité des enfants font des progrès dans presque n'importe quel domaine.

Enfin, nous devons prendre garde de pousser nos enfants à concrétiser les aspirations que nous n'avons pas su réaliser nous-mêmes. La mère de Roseline a convaincu les autorités de l'école d'accepter sa fille dans un cours de mathématiques enrichies. Roseline a beaucoup de mal à suivre, mais sa mère est intraitable. « Tu dois réussir ce cours pour être admise dans le meilleur collège, dit-elle. Tu y arriveras si tu travailles dur. »

Roseline est misérable et se moque bien de fréquenter le meilleur collège. Si sa mère voulait bien l'écouter parler de ses problèmes en classe et discuter avec elle des raisons qui font qu'il est dans son intérêt d'être admise à ce collège, elle arriverait peut-être, ou peut-être pas, à persuader Roseline que cela mérite qu'elle fasse un effort supplémentaire. Chose certaine, en présumant que les ambitions de sa fille sont les mêmes que les siennes et en minimisant les difficultés qu'elle éprouve, sa mère exerce trop de pression sur elle. Elle croit qu'elle encourage Roseline alors qu'en réalité, elle ne tient pas compte de ses besoins et reporte ses propres ambitions sur elle.

Nous devons apprendre à apprécier et à respecter la vision qu'ont nos enfants de leur vie. Ils ne conçoivent pas nécessairement le monde de la même façon que nous et c'est bien ainsi. Chacun d'eux est un être unique qui a ses propres talents à offrir. Si nous les encourageons à devenir la personne qu'ils souhaitent être, nous aurons le grand privilège d'entrevoir le monde de leur point de vue. Lorsque nous permettons à nos enfants de s'épanouir, ils prennent de l'assurance et notre monde s'en trouve dès lors plus riche et beau.

Accueillir leurs rêves avec sérieux

Quand nos enfants rêvent, ils voient grand. Dans leur esprit, tout est possible. Même si cela représente une étape déterminante dans leur développement que de réaliser qu'il faut presque toujours une énorme somme de travail pour concrétiser nos rêves, nous ne voulons pas que nos enfants perdent leur faculté de rêver et, du même coup, leur principale source d'inspiration. Ils ne connaissent aucune limite et ne ressentent souvent aucune peur. Voilà deux attitudes que nous aimerions encourager tandis que nous les amenons graduellement à évaluer de façon réaliste l'adéquation entre leurs talents et leurs désirs, et entre leurs capacités et leurs rêves.

Certains de leurs rêves peuvent nous paraître bien banals. «J'aiderai à décorer le sapin de Noël cette année. C'est moi qui mettrai l'étoile tout en haut!» annonce Madeleine, trois ans. Elle grandit et elle souhaite participer plus activement à cet important rituel familial. Nous savons qu'elle ne pourra pas atteindre le haut du sapin toute seule, mais elle y arrivera, bien sûr, si son père la prend dans ses bras. «Excellente idée, Madeleine!» dit sa mère. Elle insiste sur l'ambition et non sur le fait que la fillette aura besoin d'aide pour la réaliser. Madeleine retiendra de cette expérience que ses rêves comptent aux yeux de ses parents et que ces derniers sont là pour l'aider à les concrétiser.

Nos enfants ont aussi de grands rêves. Certains sont plus réalistes que d'autres. Comment savoir lesquels encourager et lesquels décourager?

Tristan rêve de devenir chanteur, mais il n'a aucune expérience musicale et il ne peut tenir un accord. Pourtant, son père accueille avec sérieux ses projets de carrière musicale sans jamais mentionner ses lacunes évidentes. Il encourage le rêve de Tristan, car il croit en son fils et à l'importance de faire ce que l'on aime.

Après avoir terminé ses études, Tristan s'installe à Los Angeles. Il commence à écrire des paroles de chansons et il entre en contact avec un groupe de *rap*. Après un certain temps, ils lancent un disque compact. Aujourd'hui, bien qu'il fasse partie de ce milieu dont il a longtemps rêvé, Tristan ne se sent pas artiste à part entière. Peut-être délaissera-t-il la musique pour s'orienter vers une tout autre carrière. L'important, c'est qu'il chérissait un rêve et que son père l'a encouragé à tenter sa chance. Pour le reste de sa vie, quoi qu'il fasse, il aura la satisfaction d'être allé au bout de son rêve. Il pourra vivre sans regret et sans se demander ce qui serait arrivé s'il était allé de l'avant.

Croire en nos enfants

Il ne suffit pas de prodiguer des encouragements à nos enfants pour les aider à devenir autonomes. Nous devons aussi nous préoccuper des qualités qu'ils sont en train de développer. Lorsque nos enfants font preuve de générosité, de gentillesse, de sensibilité, de détermination ou de toute autre qualité digne de notre admiration, il est essentiel de leur faire part de notre appréciation. Nos commentaires les aideront à se forger une image d'eux-mêmes qui les suivra à l'école, dans leur vie sociale et dans leur milieu de travail. En fournissant à nos enfants un environnement et un foyer où il fait bon vivre et apprendre, nous mettons toutes les chances de leur côté.

Encourager nos enfants, c'est leur offrir notre appui afin qu'ils puissent réaliser leurs rêves. Nous pouvons émettre quelques suggestions pour mieux les guider en cours de route, mais nous devons toujours respecter leur autonomie et leur droit de prendre leurs propres décisions. Notre rôle consiste à les soutenir, dans le succès comme dans l'échec, et à escompter que leurs expériences leur soient bénéfiques et qu'elles leur permettent d'acquérir un sentiment de confiance, quel qu'en soit le résultat.

Nous devons croire aux rêves de nos enfants, même lorsque nous ne les comprenons pas totalement. Nous devons également croire en nos enfants, surtout dans ces moments où leur confiance en eux est chancelante. En leur prodiguant des encouragements sincères, ce qui implique d'accepter leurs rêves, leurs forces et leurs qualités, nous contribuerons à faire de nos enfants des adultes qui sauront aborder la vie avec confiance.

Si un enfant vit dans la tolérance, il apprend à être patient

Il faut de la tolérance pour être patient. Par tolérance, nous entendons accepter activement les événements et non les supporter en bougonnant. Lorsque nous acceptons les choses que nous ne pouvons pas changer et que nous décidons de nous accommoder d'une situation difficile au lieu de serrer les dents et de nous plaindre, nous sommes parfois étonnés des résultats. Une attitude positive peut non seulement contribuer à rendre certaines circonstances difficiles plus tolérables, mais elle peut également en changer l'issue.

Quelques jours avant d'entrer en première secondaire, Karine se casse la jambe. Pendant que tous ses amis se retrouvent après les vacances d'été, elle est étendue chez elle sur le canapé, la jambe dans le plâtre.

C'est à Karine de décider comment elle réagira aux événements. Il serait tout à fait compréhensible qu'elle se sente misérable, seule et impatiente. Pourtant, elle peut choisir d'accepter ce qui lui est arrivé et de faire contre mauvaise fortune bon cœur. Avec l'aide de sa mère, Karine décide d'organiser une petite fête où ses amis pourront apposer leur signature sur son plâtre. Quelques-uns de ses meilleurs amis viennent lui rendre visite après l'école. Ils décorent le plâtre de Karine de dessins, mangent des gâteaux au chocolat et boivent de la limonade en se racontant les derniers potins. En prenant la situation en main et en refusant de se laisser démoraliser, Karine a réussi à passer un bon moment avec ses amis.

Rentabiliser les moments d'attente

Il est difficile d'attendre patiemment, même pour les adultes. Nous développons notre patience ou, du moins, nous apprenons à maîtriser notre impatience, car nous savons qu'il est socialement inacceptable de faire autrement. Pour les jeunes enfants, l'attente est particulièrement pénible. Ils ne se préoccupent pas encore de ce que les autres peuvent penser et, par conséquent, ils expriment leur impatience ouvertement. De plus, ils n'ont qu'une vague notion du temps qui ne leur permet pas d'évaluer la durée de l'attente qui leur est imposée. «Combien de temps encore?» «Est-ce qu'on peut partir maintenant?» «Est-ce qu'on arrive bientôt?» «Quand est-ce que ce sera le moment?» Ces questions illustrent à quel point il est difficile pour les petits enfants non seulement d'attendre, mais aussi de se faire une représentation mentale du temps.

La vie de tous les jours fournit de nombreuses occasions d'enseigner à nos enfants à attendre patiemment. «J'ai faim!» s'exclame un enfant. Pendant que nous préparons son repas ou sa collation, nous pouvons lui expliquer qu'il faut d'abord cuire les pâtes, couper les légumes ou peler l'orange. «Je veux un glaçon!» s'écrie un autre. En lui montrant le bac à glaçons et en lui expliquant que l'eau met du temps à geler, nous l'aidons à comprendre pourquoi il doit attendre tout en l'éveillant à la science. Nous pouvons écouter nos enfants exprimer leur impatience et leur dire que nous comprenons à quel point c'est difficile d'attendre, tout en leur rappelant que certaines choses prennent du temps et que nous devons apprendre à patienter pendant que le processus de préparation suit son cours.

Les files d'attente au supermarché de même que les longs trajets en voiture sont particulièrement éprouvants pour les enfants. Malgré tout, nous pouvons profiter de ces moments-là pour leur apprendre différentes façons de tuer le temps: en faisant la queue, nous pouvons parler tranquillement de l'école ou d'une activité récente sur laquelle nous n'avons pas encore eu l'occasion de revenir. Quant aux trajets en voiture, il est possible de les rendre beaucoup plus agréables en apportant ou en inventant des jeux pour distraire les enfants. Même les plus jeunes arrivent à patienter lorsqu'ils ont quelque chose d'intéressant à faire : compter les camions qu'ils voient, par exemple, ou encore les voitures rouges ou les maisons blanches.

Il n'y a pas que l'attente au quotidien qui est pénible pour les enfants. C'est également difficile pour eux de patienter à l'approche d'événements heureux. Pour les enfants, les fêtes et les anniversaires sont des moments grandioses qu'ils attendent avec impatience et qui semblent ne jamais venir ! Nous pouvons utiliser ce temps d'anticipation pour leur apprendre ce qu'est le passage du temps, de même que la signification d'un jour, d'une semaine ou d'un mois. Nous pouvons leur enseigner à apprécier cette période d'attente et à en tirer parti. Par exemple, l'étude du calendrier les aidera à comprendre comment on représente le temps graphiquement et les sensibilisera à la durée relative des unités de temps. Les enfants d'âge préscolaire seront ravis de posséder leur propre calendrier et d'y apposer des autocollants pour marquer les jours qu'ils attendent avec impatience. À mesure que le temps passe, ils peuvent prendre part à des activités qui rendront l'événement attendu encore plus mémorable : préparer des décorations de Noël, faire des biscuits ou fabriquer un cadeau d'anniversaire pour un être cher.

Cultiver la patience

Si nous sommes nous-mêmes facilement agacés par les interruptions et les contrariétés inhérentes à la vie quotidienne, il sera difficile de montrer à nos enfants à faire preuve de patience. Une fois adultes, nous avons appris, pour la plupart, à composer avec les situations irritantes. Même si ce n'est pas toujours facile, il est primordial que nous nous efforcions de relever ce défi afin de donner l'exemple à nos enfants.

En rentrant à la maison, Éric, âgé de dix ans, et son père se retrouvent coincés dans un embouteillage. Les voitures avancent à peine et, naturellement, certains automobilistes changent de voie dans l'espoir d'améliorer leur sort.

« Pourquoi tu ne t'engages pas dans cette voie, papa ? demande Éric. Les autos y roulent plus vite. »

Son père tente de lui faire voir les choses d'un autre angle.

« Ça ne vaut pas vraiment la peine de changer de voie, dit-il. C'est comme ça que des accidents arrivent. Tout le monde est bloqué, alors autant relaxer un peu. »

Le père d'Éric apprend à son fils à accepter une situation désagréable avec philosophie. Non seulement il demeure calme, il explique aussi à Éric le raisonnement qui l'aide à attendre patiemment quand il ne peut rien faire pour changer les choses. Il va sans dire que c'est beaucoup mieux que de se plaindre, de s'énerver ou de pester contre les autres conducteurs.

Il y a parfois des moments dans la vie où il est plus difficile de faire preuve de patience : quand nous attendons la venue d'un bébé, quand un membre de notre famille subit une chirurgie ou quand nous sommes impatients de savoir si nous avons décroché l'emploi convoité, par exemple. Voilà des situations qui ont un grand impact sur nos vies et qui peuvent perturber parents et enfants. Ce sont pourtant des événements qui font partie de la vie, et la manière dont nous y réagissons influencera le comportement de nos enfants dans les moments de stress.

Afin de pouvoir transmettre à nos enfants le don de conserver leur sang-froid quand le chaos règne autour d'eux, nous devons nous-mêmes apprendre à demeurer calmes. Même dans les situations critiques, nous pouvons profiter du temps d'attente pour nous concentrer et rassembler nos forces pour la suite des événements. Il est possible de s'accorder un « temps mort » presque n'importe où. Fermez les yeux, si vous le pouvez, et prenez plusieurs inspirations lentes et profondes : une pour la vitalité, une pour l'énergie, une autre pour le bien-être et enfin, une dernière pour le calme. Cet exercice tout simple peut faire merveille pour ranimer nos forces intérieures et nous aider à nous maîtriser dans l'attente.

Il existe un autre moyen d'apaiser la tension engendrée par l'attente. Demandons-nous : « Que requiert la situation actuelle ? Que puis-je faire pour l'améliorer ? Comment rendre ce moment d'attente plus agréable ? » Parfois, cela suffit pour détourner notre attention de nos tracas et nous pousser à faire un geste concret qui nous occupera et qui profitera à notre entourage. Une femme de ma connaissance attendait que son médecin la rappelle pour lui donner les résultats d'une biopsie. Pour passer le temps, elle a décidé de laver toutes les vitres de sa maison. « En étant active, je chassais l'inquiétude de mes pensées. En prime, les vitres étincelaient de propreté et laissaient filtrer le soleil, égayant toute la maison. »

Quand nous leur en laissons l'occasion, nos enfants peuvent nous mettre sur la bonne voie. Une jeune maman se souvient du jour où sa fillette de cinq ans a su lui offrir le soutien dont elle avait besoin. « J'étais folle d'inquiétude au sujet du bébé, qui avait une forte fièvre. Malorie a passé ses bras autour de mon cou et m'a dit : "Ne t'en fais pas, maman. Jasmin ira mieux très bientôt." Elle m'a aidée à me ressaisir et à ne pas paniquer. Je savais que je devais rester forte à la fois pour elle et pour le bébé. »

L'exemple de Dame Nature

L'une des meilleures façons pour les jeunes enfants d'éclaircir le mystère du temps qui passe est de jardiner. En prenant soin d'une petite plante, en l'arrosant et en guettant l'apparition de nouvelles pousses, ils ont un exemple concret qui les aide à mieux comprendre le passage du temps. L'émergence d'une chose vivante dans le monde devient un événement excitant et enseigne à nos enfants qu'on ne peut pas bousculer la nature.

Avec ses camarades de première année, Ludovic cultive des plants de tomates à l'école. Chaque semaine, il informe sa mère de la taille des plants et du nom de l'élève responsable de l'arrosage. Un jour, il annonce d'un ton enthousiaste : « Il a fallu mettre des tuteurs à nos plants aujourd'hui pour les empêcher de tomber. »

Sa mère l'écoute poliment tout en jetant un œil sur sa liste de choses à faire. « Quand aurez-vous des tomates ? » demande-t-elle.

Ludovic est décontenancé par cette question, lui qui en est encore à regarder pousser les plants. « Quand elles seront prêtes, j'imagine », répond-il.

Presque aussitôt, sa mère se rend compte qu'elle a glissé sur le point le plus important de la leçon. Ludovic trouve fascinant de voir pousser les plants et il remarque les petits changements qui surviennent peu à peu. Il sait que le plant produira des tomates en temps et lieu, mais ce n'est pas ce qui compte à ses yeux. Il se contente d'observer avec intérêt le cycle de vie de la plante.

« Je crois que c'est merveilleux que tu apprennes toutes ces choses sur la croissance des plantes, lui dit sa mère. N'est-ce pas captivant de les voir se transformer de jour en jour ? » Ludovic la regarde et sourit, rassuré et heureux de constater qu'elle comprend, après tout.

Apprécions nos différences

Nous utilisons souvent le mot « tolérance » lorsqu'il est question de différences raciales, religieuses et culturelles. Dans nos familles et nos quartiers, notre tolérance (ou notre intolérance) quant à la diversité humaine se manifeste dans notre manière de traiter les gens qui sont différents de nous, à la fois dans notre façon de nous adresser à eux et dans ce que nous disons d'eux en leur absence. Nos enfants perçoivent même la plus subtile des insinuations et, bien que la portée de nos paroles puisse leur échapper, ils ne tardent pas à adopter notre attitude.

Le nouvel enseignant de cinquième année qui enseigne à Arnaud n'est pas de la même race que lui. Curieusement, la mère d'Arnaud semble avoir beaucoup de questions à poser à son fils : « Qu'est-ce que tu penses de ton nouveau professeur ? Quels manuels recommande-t-il ? Est-ce qu'il favorise certains enfants au détriment des autres ? »

Arnaud ne comprend pas pourquoi sa mère le questionne avec autant d'insistance, mais il s'efforce de décrire son enseignant du mieux qu'il peut. «Il nous a laissés décorer notre tableau d'affichage comme nous le voulions. Il nous accompagne dans la cour à la récréation.»

Sa mère ne semble pas satisfaite. Elle s'obstine: «Crois-tu que c'est un bon enseignant? Est-ce que nous devrions demander que tu sois changé de classe?»

Arnaud n'y comprend plus rien. Au départ, il aimait bien le nouvel enseignant; maintenant, il n'en est plus aussi sûr. Le lendemain, il entre en classe avec une attitude vaguement méfiante. Peut-être que ce professeur a des chouchous dans le groupe. Chose certaine, ce n'est sûrement pas lui. Il faudra qu'il réfléchisse à tout ça.

Si nous demandions à la mère d'Arnaud si elle est tolérante envers les gens de race différente, elle répondrait probablement: «Oui, bien sûr.» Pourtant, c'est un tout autre message qu'elle transmet à son fils.

Nos enfants grandissent dans un monde où, inévitablement, des gens de toutes nations seront appelés à se côtoyer et à exprimer leurs idées sur l'environnement, les échanges commerciaux et le sort de la planète. Ils doivent apprendre à être à l'aise avec des gens de différentes races, cultures, compétences et croyances. En leur proposant un modèle d'ouverture d'esprit et de tolérance, nous leur enseignerons non seulement à respecter, mais également à apprécier et même à priser les différences chez les individus plutôt que de les rendre méfiants.

Patience et tolérance à la maison

C'est au sein de leur propre famille que les enfants expérimentent pour la première fois la vie et le travail en communauté. Même à l'intérieur d'une seule famille, les différences sont nombreuses. Ce qui plaît à l'un peut troubler l'autre. Il faut du temps et de la patience pour apprendre à se respecter, à s'accepter et même à s'estimer mutuellement. Toutefois, en acceptant nos différences et en travaillant en équipe, nous pouvons découvrir le vrai plaisir de vivre en famille.

Le rôle de parent exige une patience d'ange. C'est naturel pour les enfants de provoquer leurs parents sans arrêt. Pour ces derniers, cela représente un véritable défi que de demeurer patients alors qu'ils sont constamment provoqués, qu'ils croulent sous les responsabilités et qu'ils tombent souvent de fatigue. Ce n'est pas pour rien qu'on dit que le métier de parent est le plus difficile de tous!

En revanche, c'est aussi l'un des plus valorisants. Lorsque nous arrivons à ne pas perdre de vue notre objectif ultime, qui consiste à donner la priorité à nos enfants dans notre vie, à les aimer et à les aider à devenir des adultes heureux, confiants, bons et responsables, tout devient un peu plus facile. Il y aura quand même des occasions où nous perdrons patience, mais ce ne sera que passager. Certains jours, nous aurons peut-être à nous excuser plusieurs fois auprès de nos enfants d'avoir été impatients. Par chance, les enfants sont de nature clémente. Ils n'ont peut-être pas beaucoup de patience pour nouer leurs lacets ou attendre leur tour, mais ils font preuve d'une tolérance étonnante envers un parent qui a bon cœur et qui s'efforce de faire de son mieux.

Nous souhaitons que nos enfants parviennent à accepter avec calme les difficultés qui surgissent dans leur vie et à en triompher. En puisant en nous-mêmes la sérénité dont nous avons besoin pour être patients avec nos enfants, nous pouvons faire de notre foyer un endroit où les luttes quotidiennes sont stimulantes sans être accablantes. Un tel milieu où la tolérance nous permet, même au cœur de la bousculade de tous les jours, de nous apprécier réciproquement dans les petites choses de la vie, deviendra une source d'inspiration pour nos enfants et leur inculquera la force dont ils ont besoin pour aller de l'avant.

Si un enfant vit dans la louange, il apprend à apprécier

Considérez la louange comme un moyen d'exprimer votre amour. Les éloges encouragent vos enfants et leur font sentir qu'ils sont sincèrement appréciés et reconnus. Elles nourrissent l'estime de soi des enfants et leur apprennent à aimer qui ils sont, et qui ils sont en voie de devenir.

Comme parents, l'une de nos tâches les plus importantes consiste à féliciter nos enfants pour leurs efforts et leurs réussites. Ne soyons pas avares de compliments : on ne peut jamais en faire trop quand il s'agit de rehausser l'estime de soi naissante d'un enfant. En reconnaissant et en soulignant leur mérite, nous aidons nos enfants à se doter d'une immense réserve de confiance dans laquelle ils peuvent puiser quand nous ne sommes pas à leurs côtés ou quand les temps sont durs. Ce n'est pas exagéré d'affirmer que les éloges dont nous les couvrons maintenant les suivront leur vie durant.

Lorsque nous complimentons nos enfants, nous leur offrons du même coup un modèle quant à la façon d'exprimer leur appréciation des autres et du monde qui les entoure. Ils pourront ainsi établir des relations saines avec leur entourage et devenir ce type de personnes qui aiment la vie et dont l'attitude positive influence les situations et les gens. Les éloges contribuent à faire de nos enfants des êtres agréables à côtoyer.

Louer les beaux gestes

Quand nous leur adressons des compliments, les enfants saisissent le véritable sens de l'appréciation ; ce sont leur estime de soi et leur dignité qui en bénéficient. Chaque enfant mérite de vivre de tels moments et c'est à nous, parents, d'y voir.

Il n'est pas toujours nécessaire d'attendre un exploit de leur part pour les féliciter; en effet, les enfants ne devraient pas avoir à faire leurs preuves pour être appréciés. Notre défi, comme parents, consiste à prêter attention aux traits subtils qui forment la personnalité unique de chacun de nos enfants et à faire l'éloge des qualités que nous percevons en eux et que nous désirons encourager.

Lors d'un pique-nique en famille, quelques préadolescents jouent au badminton, frappant le volant, effectuant des plongeons spectaculaires, s'élançant et ratant parfois leur coup, s'amusant, quoi! Fabrice, l'un des garçons de douze ans, donne sa raquette à sa jeune sœur de cinq ans et hisse celle-ci sur ses épaules pour qu'elle puisse jouer aussi. La fillette est ravie de se joindre aux grands et elle parvient même à frapper le volant à quelques reprises. Lorsque les enfants prennent une pause pour se désaltérer, la mère de Fabrice dit à son fils: «C'est très gentil de ta part d'avoir fait jouer ta petite sœur.» Fabrice hausse les épaules et court rejoindre ses amis, mais un sourire discret est apparu sur ses lèvres. Il sait que sa mère apprécie sa gentillesse à l'égard de sa sœur. Il se sent fondamentalement bon et il a l'impression que sa bonté est reconnue et appréciée.

Même lors des journées les plus sombres, il y aura toujours chez nos enfants un aspect positif que nous pourrons choisir de remarquer et de louanger, surtout si nous nous souvenons de toujours leur laisser le bénéfice du doute.

Frédéric, quatre ans, et son petit frère Joseph, qui n'a pas encore deux ans, jouent dans leur chambre. Soudain, les bruits paisibles de jeu cèdent la place à des cris et des pleurs. Leur mère apparaît dans l'embrasure de la porte: «Qu'est-ce qui s'est passé?»

«Joseph veut prendre mon camion!» s'écrie Frédéric, en larmes. Il tient une dépanneuse en métal au-dessus de sa tête tandis que le petit Joseph tente de s'en emparer.

Cette fois, leur mère décide de ne pas leur poser les questions habituelles pour savoir qui avait quoi et qui a enlevé quoi à l'autre. Elle se contente d'observer : « Tu ne veux pas que Joseph joue avec ta dépanneuse. »

« Non, il est trop petit, dit Frédéric d'un ton catégorique. Il pourrait se faire mal », ajoute-t-il plus doucement.

La mère de Frédéric reconnaît qu'il a raison. Le jouet est en métal et il ne convient pas aux tout-petits. « Je crois que c'est gentil de ta part de t'inquiéter pour ton petit frère, dit-elle. Y a-t-il un autre jouet qui lui plairait, d'après toi, et qui serait moins dangereux pour lui ? »

Frédéric promène son regard dans la pièce et aperçoit un gros camion en bois. Il confie la dépanneuse à sa mère qui la fait disparaître à la dérobée. « Je crois qu'il aimerait bien celui-là », dit-il en remettant le camion en bois à sa mère. Joseph sourit et se met à jouer avec le camion. Quant à Frédéric, il retourne à ses activités, soulagé de voir que la dépanneuse a disparu de la circulation et fier, quoiqu'un peu perplexe, du nouveau rôle de grand frère protecteur qui vient de lui être assigné.

Frédéric s'inquiétait-il réellement pour son petit frère ou avait-il une autre raison de ne pas le laisser jouer avec la dépanneuse ? Peu importe : le fait est qu'il a vécu une expérience positive en étant perçu comme un grand frère bienveillant et en contribuant à régler une situation difficile. Sa mère est prête à croire qu'il a fait de son mieux et cela compte aussi beaucoup aux yeux du jeune garçon. En laissant savoir à nos enfants que nous croyons en eux et que nous espérons le meilleur d'eux-mêmes, nous créons un climat qui leur permettra non seulement d'atteindre leurs propres objectifs, mais également de les dépasser.

Complimenter les enfants pour ce qu'ils sont

En complimentant nos enfants sur certaines choses plutôt que sur d'autres, nous leur enseignons ce qui est important pour nous. Malheureusement, dans notre société de consommation, nos enfants sont bombardés de messages qui leur font croire que la valeur personnelle d'un individu se mesure aux biens matériels qu'il possède. Il est primordial de trouver le moyen de contrebalancer les valeurs matérialistes auxquelles sont constamment exposés nos enfants par nos propres valeurs. Le premier pas consiste à leur dire que nous les aimons d'abord et avant tout pour ce qu'ils sont.

De plus, nous pouvons travailler activement à contrer les messages parfois subtils, parfois flagrants, que nos enfants reçoivent quotidiennement. En commençant dès leur tout jeune âge, nous pouvons leur faire remarquer qu'ils sont entourés de messages publicitaires et culturels conçus pour leur faire croire qu'ils ont besoin de toutes ces choses, alors que ce n'est pas le cas. Insistons sur le fait que, même si ces publicités laissent entendre que les biens qu'elles annoncent apportent le bonheur, l'amitié et l'amour, il n'en est rien. En leur enseignant à manifester un scepticisme de bon aloi en regard de la publicité et à savoir faire la différence entre désirer une chose et en avoir besoin, nous ferons de nos enfants des consommateurs avertis, de même que des êtres humains plus heureux et plus équilibrés.

Lorsque nous signifions à nos enfants que nous les apprécions pour ce qu'ils sont, nous leur montrons du même coup à faire preuve de jugement vis-à-vis des personnes qu'ils rencontrent chaque jour. Quand Timothée se joint à la classe de cinquième année de Guillaume, il fait bonne impression à tous ses nouveaux camarades. Il a vécu à l'étranger avec sa famille et il parle plusieurs langues, en plus d'être un très bon athlète. Bientôt, tout le monde vante sa somptueuse demeure où l'on retrouve les plus récents jeux vidéo, un écran de télévision géant et une table de billard. Tous les garçons veulent aller jouer chez lui.

Lorsque Guillaume est invité chez lui, il découvre cependant que Timothée est autoritaire, difficile et parfois carrément méchant. Après être monté dans la voiture de son père venu le chercher, Guillaume reste silencieux.

« Qu'est-ce que vous avez fait tous les deux cet après-midi ? Vous vous êtes bien amusés ? » demande son père.

Guillaume entreprend de décrire leurs activités. Il commence à se plaindre de l'attitude de Timothée qui veut toujours faire à sa façon, qui doit toujours gagner et qui triche.

Son père l'écoute attentivement. Lorsque Guillaume s'arrête, il demande : « Alors ? Qu'est-ce que tu penses de la manière dont Timothée s'est conduit ? »

« Ça ne m'a pas plu », répond Guillaume d'un ton catégorique.

« Qu'est-ce qui ne t'a pas plu, exactement ? »

« Sa maison peut bien être remplie de toutes les nouveautés, je ne veux quand même pas jouer avec lui ! » lance Guillaume.

Son père marque une pause pour laisser ces mots faire leur effet. « Je suis fier de toi, Guillaume, car tu as compris que c'est la personne qui compte, et non le nombre de choses qu'elle possède. »

Le père de Guillaume appuie la décision de son fils d'évaluer la personne plutôt que ses biens. De simples conversations comme celle-ci, qui peuvent s'insérer dans les moments perdus de nos journées chargées, nous offrent l'occasion d'encourager les valeurs positives que nos enfants cultivent en plus de les aider à saisir les nôtres ; il importe de leur montrer comment s'expriment ces valeurs dans les situations que nous vivons tous les jours.

Être conséquents dans nos sentiments et dans nos gestes

Il est primordial de complimenter nos enfants, mais il est encore plus important de faire preuve de sincérité. Lors de compétitions sportives, le comportement des parents dans les estrades en dit souvent long sur les qualités auxquelles ils accordent de la valeur. Certains parents laissent clairement deviner par leur attitude que la victoire est tout ce qui compte à leurs yeux.

Sébastien, âgé de neuf ans, joue dans une ligue de balle molle. Ce n'est pas un grand athlète, mais il aime bien jouer et, grâce à la pratique de ce sport, il acquiert des habiletés physiques essentielles tout en développant son comportement en société. La plupart du temps, Sébastien fait de gros efforts et joue assez bien. Mais un jour, lors d'un match, le cœur n'y est pas. La mère de

Sébastien est debout dans les estrades, encourageant frénétiquement l'équipe de son fils pour qu'elle gagne. Elle redouble d'enthousiasme lorsque c'est Sébastien qui s'apprête à frapper ou lorsque la balle se dirige vers lui au champ extérieur. Plus elle crie, plus le garçon est maladroit et hésitant.

Après la défaite de l'équipe de Sébastien, sa mère lui dit : « Ça ne fait rien, tu sais. Tu as essayé, au moins. » Mais en raison de son comportement durant le match et au ton de sa voix, Sébastien sait bien qu'elle ne le pense pas vraiment.

Il y aura toujours des moments où nos enfants nous décevront et il est inutile d'essayer de dissimuler nos sentiments. Le plus important, c'est ce qu'éprouvent nos enfants relativement à leurs propres efforts. Lorsque tout ne se déroule pas aussi bien que prévu et que les enfants en sont conscients, nous devons prendre garde de trop afficher notre déception. Ce dont Sébastien a besoin, c'est d'un gros câlin et des paroles réconfortantes de sa mère pour qu'il sache qu'elle est de tout cœur avec lui, peu importe qui gagne. Nous ne devons pas perdre de vue que ce qui compte, c'est que nos enfants apprennent à faire preuve d'esprit sportif, à travailler en équipe, à donner le meilleur d'eux-mêmes et à s'amuser. Après tout, ce ne sont pas les espoirs que nous nourrissons pour nos enfants qui vont décider de leur vie, mais bien leurs propres objectifs et leurs propres rêves.

Nous fournissons un meilleur exemple à nos enfants lorsque nous sommes aussi conséquents que possible dans nos sentiments et dans nos gestes. Néanmoins, ce n'est pas simple. D'une part, nous voulons que nos enfants disent ce qu'ils pensent et pensent ce qu'ils disent, du moins, la plupart du temps. D'autre part, nous souhaitons qu'ils en viennent à distinguer les situations où il faut être tout à fait honnête de celles où il vaut mieux omettre certaines choses. Nous ne voulons pas que nos enfants soient hypocrites, mais nous tenons à ce qu'ils soient polis et soucieux des sentiments des autres. Bien qu'il soit essentiel de leur apprendre les bonnes manières et des formules de politesse comme s'il vous plaît et merci, nous désirons leur enseigner davantage que ces simples mots. Nous voulons qu'ils apprécient sincèrement la prévenance et la générosité d'autrui. Ce n'est pas une tâche facile, mais l'une des meilleures façons de s'y attaquer consiste à établir un équilibre entre l'amabilité et la franchise et entre l'honnêteté et la diplomatie, et à leur montrer, par nos propres faits et gestes, comment aborder ces délicates mais importantes interactions sociales.

Apprendre aux enfants à s'apprécier

Bien que l'estime que les autres ont pour nous et celle que nous avons pour nous-mêmes soient toutes deux d'une grande importance, il existe une différence entre elles. Nous souhaitons que nos enfants soient suffisamment mûrs sur le plan émotionnel et qu'ils apprennent à trouver le soutien et l'encouragement dont ils ont besoin à mesure qu'ils deviennent plus indépendants. S'ils arrivent à s'apprécier, ils auront en eux une source à laquelle ils pourront s'abreuver en tout temps. Bien sûr, cet apprentissage débute dès le plus jeune âge.

Une mère venue chercher sa fillette de quatre ans à la prématernelle en profite pour discuter brièvement avec l'enseignante. La petite les interrompt pour montrer à sa mère le casse-tête qu'elle vient d'assembler.

Sa mère exprime son admiration: «Je suis fière de toi. Tu as fait du bon travail. »

L'enseignante ajoute doucement: «N'es-tu pas fière de toi d'avoir réussi à l'assembler ? »

L'enfant est rayonnante. Non seulement on l'a félicitée, mais on l'a aussi encouragée à s'apprécier.

L'expression d'un besoin d'attention

Les compliments ne devraient pas être utilisés comme substituts à l'amour et à l'attention. Nous devons savoir que, lorsque nos enfants recherchent les éloges sans arrêt, comme s'ils disaient: «Regarde-moi, tu vois comme j'y arrive bien ? », ils tentent plutôt de nous transmettre un message: «Je t'en prie, fais attention à moi et dis-moi que ce que je fais est correct. » Quand les enfants réclament souvent ce type d'attention, ils ont peut-être besoin que nous les rassurions en leur disant que nous les aimons et que nous les appuyons ; il s'agit ici d'un besoin encore plus fondamental que celui d'être apprécié pour ses talents. Dans ce cas, le fait d'être couverts d'éloges ne comblera pas le besoin d'amour de ces enfants.

Marc-Olivier, qui a quatre ans, s'est installé par terre pour dessiner sur un bloc de papier. Sa mère boit une tasse de café à la table de la cuisine.

« Vois-tu ce que je fais ? » demande Marc-Olivier à sa mère en lui montrant l'ébauche d'un dessin.

Sa mère regarde la feuille et dit : « C'est bien parti. Qu'ajouteras-tu ensuite ? »

Marc-Olivier ne répond pas. Il prend sa feuille et ses crayons et s'approche de sa mère. « Est-ce que je peux m'asseoir sur toi ? »

Sa mère éloigne sa tasse de café et laisse son fils grimper sur ses genoux. Elle sait qu'il a davantage besoin d'être cajolé que d'être complimenté sur ses talents artistiques. Plus important encore, Marc-Olivier sait ce dont il a besoin et il n'a pas peur de le réclamer.

Certains enfants requièrent plus d'attention que d'autres. Il y a de grandes différences entre les individus sur ce plan : certains enfants réclament beaucoup d'attention et de marques d'affection, tandis que d'autres se contentent de saluer joyeusement leurs parents de loin. Pour les premiers, les compliments ne suffisent pas. Ces enfants ont besoin que leurs parents leur accordent de nombreux témoignages d'attention et d'affection afin d'être assurés de leur amour.

Lorsque des bouleversements surviennent au sein d'une famille, qu'il s'agisse d'un divorce, de la maladie ou du décès d'un parent, d'un déménagement dans une autre ville ou de la perte d'emploi de l'un des parents, la majorité des enfants réclameront plus d'attention et d'affection. Dans de tels moments, il est essentiel d'entourer les enfants et de discuter avec eux de ce qui se passe. En les invitant à partager leurs sentiments et leurs inquiétudes, nous leur donnons l'occasion d'obtenir encore plus d'attention tout en leur apportant apaisement et réconfort.

L'art d'apprécier le monde autour de soi

Nous désirons que nos enfants apprennent non seulement à faire des compliments, mais aussi à en recevoir. Quand ils grandissent entourés de louanges, ils savent accepter les compliments avec grâce et reconnaissance plutôt que d'en être embarrassés, de les nier ou de s'en glorifier. Lorsque nous estimons et félicitons nos enfants, nous leur enseignons à apprécier et à célébrer le monde autour d'eux. En prenant le temps et en faisant l'effort de trouver ce qu'il y a de bon dans chaque journée qui passe, nous ensoleillerons leur vie, de même que leurs souvenirs d'enfance.

Si un enfant vit dans l'acceptation, il apprend à aimer

Nous utilisons le mot «aimer» pour décrire l'expérience humaine la plus vitale et la plus dynamique qui soit. Ce que nous appelons l'amour est plus grand que tout ce que nous pouvons dire à son sujet. La majorité des gens seraient probablement d'accord pour dire qu'il n'y a rien qui compte plus dans la vie que d'aimer et d'être aimé.

Si nous aimons nos enfants inconditionnellement et que nous les acceptons sans réserve, ils s'épanouiront pleinement. L'amour est le sol dans lequel nos enfants grandissent, la lumière qui guide leur croissance et l'eau qui les nourrit.

Les enfants ont besoin d'amour dès l'instant où ils naissent, et même avant. Les nouveau-nés dépendent totalement de notre chaleur, de notre affection et de notre tendresse. Les soins que nous leur prodiguons renforcent leur sentiment d'être aimés et acceptés. À mesure qu'ils grandissent, les enfants continuent de compter sur nous pour que nous leur exprimions notre amour. C'est par nos gestes de bonté et d'affection envers eux qu'ils le ressentent le plus. Notre amour prend sa source dans l'acceptation inconditionnelle de nos enfants.

Alors qu'il est impératif pour nos enfants de se sentir aimés, l'amour est un besoin humain fondamental dont on ne se défait jamais. Une fois adultes, nous voulons toujours nous sentir acceptés. Nous avons toujours besoin de contacts humains, d'attachement, d'affection et d'une étreinte chaleureuse. Nous désirons tous être acceptés pour ce que nous sommes et avoir des amis avec qui nous nous sentons bien.

Nos enfants savent qu'ils sont acceptés et aimés quand nous les traitons avec gentillesse et que nous accompagnons ces gestes de mots tendres et de marques d'affection. Ça ne suffit pas de dire : « Je t'aime. » Lorsque je travaille avec des parents, je parle souvent des trois « A » en amour : l'acceptation, l'affection et l'appréciation. Nos enfants ont besoin de vivre dans un milieu où ils sont assurés d'être toujours acceptés et aimés malgré leurs défauts. Ainsi, ils arriveront à leur tour à mieux aimer les autres.

L'acceptation inconditionnelle enseigne l'amour

La racine du mot « acceptation » signifie « recevoir ». Lorsque nous acceptons, nous « recevons » sans cesse. C'est exactement de cette façon que nous enseignons à nos enfants qu'ils sont acceptés et aimés. Nous communiquons notre amour par le biais de sourires, d'étreintes, de baisers et de petites tapes dans le dos, avec la chaleur de notre affection, jour après jour, durant toute leur enfance et même durant leur vie adulte.

En acceptant nos enfants inconditionnellement, nous renonçons à tout désir de les changer. Pour y parvenir, il nous faudra peut-être faire une croix sur certains de nos plus vieux et de nos plus grands rêves. Une mère dont la fille préfère la lecture au ballet et un père dont le fils penche plus pour la chimie que pour le basket-ball auront à faire un choix quant à ce qui est le plus important : réaliser leurs rêves par l'entremise de leurs enfants ou offrir à ces derniers le soutien émotionnel et l'acceptation dont ils ont besoin pour découvrir et poursuivre leurs propres rêves. Ainsi présenté, le choix devrait être clair ; lorsque nous laissons à nos enfants la chance de concrétiser leurs aspirations, nous élargissons et enrichissons du même coup notre propre univers.

Nos enfants doivent également savoir que l'amour que nous leur portons ne dépend pas de leur réussite ni du fait qu'ils satisfassent à nos demandes. L'amour doit toujours être donné inconditionnellement et non offert en récompense d'une bonne conduite. Nous ne devons jamais menacer nos enfants de leur refuser notre amour ni poser nos conditions en leur disant : « Je ne t'aimerai plus si…» ou «Je t'aimerai quand…» En acceptant leurs enfants inconditionnellement, certains parents craignent de les inciter à la loi du moindre effort. C'est pourtant pour atteindre leurs objectifs et remporter des succès que les enfants doivent faire des efforts, et non pour obtenir le droit fondamental d'être acceptés et aimés de leurs parents.

Néanmoins, le fait d'accepter nos enfants inconditionnellement ne signifie pas qu'il faille tolérer des comportements inappropriés ou irresponsables. Nous pouvons accepter nos enfants tout en rejetant leurs comportements inadmissibles et en imposant des règles et des limites.

Jérôme, âgé de six ans, a encore laissé sa bicyclette dans l'allée. Son père lui a demandé à de nombreuses reprises de la ranger sur le perron, car il craint de l'écraser avec sa voiture un jour ou l'autre. Mais Jérôme oublie toujours. Un soir, l'inévitable finit par se produire: le père du garçon entend un craquement sous les pneus de sa voiture.

Il est en colère lorsqu'il franchit le seuil de la maison, mais il parvient à garder son sang-froid. Ne se doutant pas de ce qui vient d'arriver, Jérôme court vers son père pour lui faire un câlin.

Son père se penche pour l'accueillir et le prend dans ses bras. «Je veux te montrer quelque chose», dit-il d'un ton sérieux. Il marche vers une fenêtre d'où Jérôme peut apercevoir la bicyclette endommagée.

«Oh non!» s'écrie le garçon en comprenant ce qui s'est passé. Il serre très fort son père et enfouit son visage dans son cou.

«Tu as laissé ta bicyclette dans l'allée», déclare simplement son père. Jérôme acquiesce d'un signe de tête. «Voilà ce que je redoutais», ajoute son père. Il pose son fils par terre, puis il le regarde droit dans les yeux: «Tu comprends qu'elle est peut-être inutilisable?» Jérôme fait oui de la tête, les larmes aux yeux. «Allons y jeter un coup d'œil, dit son père. Peut-être qu'on pourra la réparer.» Le message qu'il transmet à son fils est le suivant: «Même si je n'aime pas toujours ce que tu fais, je t'aime toujours et je suis prêt à t'aider et à te soutenir.»

Les marques d'affection : essentielles

Même si les enfants ont besoin de nous entendre dire que nous les aimons, ils ont surtout besoin que nous leur prouvions, par nos étreintes, nos baisers, nos petites tapes dans le dos et nos cajoleries, que nos paroles sont sincères. Le besoin d'être touché est peut-être l'un des plus fondamentaux, des plus universels et des plus puissants dans nos vies ; il est d'une importance capitale autant pour le nouveau-né que pour ses grands-parents. En fait, des études récentes ont démontré ce que les gens savaient intuitivement depuis longtemps : le toucher guérit. Une fois les premiers soins prodigués, la chaleur d'un geste tendre peut accélérer le processus de guérison.

Nos enfants ont droit au réconfort que leur apporte notre toucher. Lorsque les bras de maman ou de papa les entourent, le bien-être qu'ils éprouvent aide à chasser la peine, qu'elle soit causée par des genoux éraflés ou par un amour-propre blessé. Parfois, il suffit d'un câlin ou d'une petite tape sur l'épaule pour soulager et consoler.

On ne répétera jamais trop à quel point il est essentiel de manifester notre affection à nos enfants. Alors que j'animais une rencontre avec des parents, une mère a déclaré : « Je me sentais coupable, car j'avais l'impression de ne pas aimer mon petit garçon suffisamment. Il serait peut-être plus juste de dire que je ne lui manifestais pas suffisamment mon amour. »

Certains parents doivent apprendre comment satisfaire les besoins affectifs de leurs enfants. Une autre mère a décrit son enfance au sein d'une famille plutôt distante et réservée. Ses parents l'aimaient, mais ils n'exprimaient pas cet amour. Devenue mère à son tour, cette femme a repris le modèle familial qu'elle avait connu. Elle aime beaucoup sa fillette de deux ans, mais ce n'est pas dans sa nature d'être démonstrative.

Sensible aux besoins de son enfant, cette mère était toutefois déterminée à briser le cycle et à apprendre à exprimer cet amour qu'elle ressentait. Elle a fait l'effort de prendre sa fille plus souvent, de se blottir contre elle en lui lisant des histoires et de la serrer dans ses bras en l'aidant à monter et à descendre de la balançoire. Elle a trouvé des dizaines d'occasions tout au long de la journée de manifester à sa fille l'affection qu'elle n'avait jamais reçue de ses parents. Lorsque je l'ai revue au bout de quelques semaines, elle a eu cette réflexion : « Vous savez, j'ai entrepris cette démarche pour ma fille, mais je constate maintenant à quel point c'est important pour moi aussi. »

Les marques d'affection sont vitales pour tous les enfants. Ils ont besoin d'une preuve tangible pour venir appuyer nos « je t'aime ». La répétition de nos gestes tendres et la constance de notre affection permettent à nos enfants de profiter pleinement de notre amour ; ils ne devraient jamais en être privés.

Fournir à nos enfants un modèle de vie de couple

La façon dont les parents se traitent et se démontrent leur affection mutuellement peut avoir une profonde influence sur l'acceptation et l'amour au sein d'une famille. Les enfants sont de fins observateurs ; ils en apprennent beaucoup sur la vie de couple en regardant leurs parents. L'exemple que nous donnons à nos enfants dans nos interactions quotidiennes devient souvent un modèle qu'ils reproduiront dans leur vie à deux. De fait, la manière dont nous nous comportons entre conjoints constitue peut-être le modèle qui influencera le plus la réussite, l'épanouissement et le bonheur futurs de nos enfants. Elle aura un effet sur le type de personne qui les attirera et elle leur servira de modèle dans les relations qu'ils créeront au sein de leur propre famille, pour le meilleur et pour le pire.

Aussi, bien qu'il n'existe aucune recette infaillible pour garantir une vie de couple heureuse, nous devons faire de notre mieux pour agir à l'exemple d'un couple aimant. Une relation saine et empreinte de maturité suppose un équilibre entre ce que chacun donne et reçoit. Elle implique que chacun accepte les forces et les faiblesses de l'autre et qu'il soit en mesure de faire preuve de tendresse, d'empathie et de compassion. Nos enfants voient comment nous prenons soin l'un de l'autre, tout comme ils sont aussi témoins de notre négligence. En nous respectant, en nous soutenant et en nous traitant réciproquement avec chaleur et affection, c'est-à-dire en partageant des intérêts et des valeurs tout en acceptant les différences individuelles, nous fournissons à nos enfants un modèle dont ils pourront s'inspirer pour mieux bâtir et réussir leur vie de couple.

Les bases d'une relation durable

Les enfants qui ont le sentiment d'être aimés et acceptés possèdent la force intérieure dont ils ont besoin pour atteindre leurs buts et s'ouvrir aux autres. Entourés de chaleur, d'affection, d'acceptation et d'amour, ils apprennent à s'aimer eux-mêmes. S'ils grandissent en sachant qu'ils méritent d'être aimés et en s'attendant à l'être, ils sauront à la fois donner et recevoir l'amour et ainsi nouer des relations durables. Quel que soit le chemin qu'ils emprunteront dans la vie, il n'y a certainement rien de plus important que cela.

Si un enfant vit dans l'approbation, il apprend à s'accepter

L'attitude des parents forme les enfants. Par notre façon d'exprimer notre approbation ou notre désapprobation à l'égard de nos enfants, de même que par les comportements que nous choisissons d'encourager, nous leur apprenons beaucoup sur nos propres valeurs. Du même coup, nous pouvons leur faire part de ce que nous aimons et souhaitons voir s'accentuer dans leur caractère, leur personnalité et leur comportement.

Si nous sommes trop occupés pour prêter attention aux traits qui apparaissent chez nos enfants, nous perdons l'occasion d'encourager les qualités et les comportements que nous aimerions qu'ils développent. Ce sont les petites choses que font nos enfants qui contribuent à déterminer le genre de personne qu'ils deviendront ; ces « petites choses » sont précisément celles auxquelles nous devons applaudir.

Le père de Stéphane rentre du travail un après-midi. Le garçon de sept ans vient l'accueillir. L'air grave, il porte un doigt à ses lèvres et chuchote : « Chut, maman fait la sieste. »

« Merci d'être aussi prévenant », dit son père tout bas en l'étreignant. Il n'est pas nécessaire de disposer de beaucoup de temps pour savoir tirer parti de ces moments-là. À vrai dire, une simple phrase ou un geste d'appréciation fait souvent l'affaire. La mère de Rebecca travaille à son bureau lorsqu'elle remarque que la maison est anormalement silencieuse. Elle va jeter un coup d'œil dans la chambre de Rebecca et trouve la fillette de cinq ans en train de bercer tranquillement sa poupée dans son petit berceau.

Rebecca lève les yeux et sourit. Sa mère lui envoie un baiser et lève le pouce en signe d'approbation. En retournant à son bureau, elle songe à quel point elle est contente que Rebecca soit une aussi bonne « maman » pour sa poupée. De plus, elle apprécie que sa fille apprenne à jouer de façon autonome et qu'elle se sente bien seule.

Voilà des instants qu'il ne faut pas manquer de souligner, même s'il est facile de l'oublier dans le tumulte de la vie quotidienne. Nous devons constamment nous rappeler qu'ils sont d'une grande importance.

Transmettre des valeurs et construire l'estime de soi

En manifestant notre approbation à nos enfants, nous les aidons à affirmer leur personnalité et à se construire une image positive d'eux-mêmes, ainsi qu'une estime de soi solide. Plus nous soulignons les bons comportements de nos enfants, plus nous renforçons les qualités que nous souhaitons les voir développer.

Le père d'Olivier déclare: « Tu t'es montré très serviable aujourd'hui pendant que ta grand-mère était là. C'est gentil de ta part de l'avoir aidée à se lever du canapé. »

« C'est vrai ? » demande le garçon de huit ans, étonné. Il ignorait que son père avait remarqué son geste. En fait, il n'y avait guère porté attention lui-même. En soulignant la bonne action d'Olivier, son père indique à son fils que la gentillesse et la considération sont des qualités importantes à ses yeux. C'est de cette façon que l'on enseigne et que l'on transmet les valeurs familiales d'une génération à l'autre.

De plus, selon les gestes que nous choisissons de mettre en valeur, nous aidons nos enfants à prendre conscience de certaines qualités qu'ils ignoraient posséder. Une fillette de sept ans prénommée Amélie apprend à confectionner des bracelets à l'aide de fil à broder. Toutes ses copines les trouvent ravissants et Amélie commence à en fabriquer pour elles en prenant soin de choisir les couleurs préférées de chaque fille.

La mère d'Amélie pourrait approuver cette initiative en insistant sur différents aspects. Par exemple, elle pourrait féliciter sa fille pour ses talents artistiques : «Quels magnifiques bracelets! Tu sais si bien en choisir les couleurs.» Elle pourrait également relever l'aspect commercial : «Ces bracelets sont splendides! Je parie que tu pourrais les vendre à l'exposition d'artisanat.» Elle choisit cependant de faire ressortir la générosité de sa fille : «Comme c'est gentil à toi de fabriquer un bracelet pour chacune de tes amies!» dit-elle. Par le choix de ses mots, la mère d'Amélie ne fait pas qu'approuver le passe-temps de sa fille. Elle l'informe aussi qu'elle est particulièrement fière de sa générosité et de sa prévenance, amenant Amélie à se découvrir de nouvelles qualités.

Bien entendu, chaque famille possède ses propres valeurs et exprime son approbation en conséquence. La possibilité que nous avons d'influencer positivement la façon dont nos enfants se perçoivent nous permet de contribuer à la fois au développement de leur identité et à celui de leur sens moral.

Apprendre à vivre avec des règles

Dans chaque foyer, les membres d'une même famille évoluent dans un cadre délimité par de nombreuses règles, autant générales que spécifiques, afin de faciliter la cohabitation au quotidien. Des bonnes manières à table au minimum d'ordre exigé dans la maison, en passant par la routine du coucher, parents et enfants vivent selon d'innombrables ententes préétablies qui rendent la vie de famille plus agréable. De telles conventions cimentent les fondements d'une famille, aidant parents et enfants à vivre en harmonie.

Certaines règles ne sont pas négociables, celles qui concernent la sécurité, notamment : boucler sa ceinture en voiture, porter des protège-coudes et des protège-genoux pour faire du patin à roues alignées ou mettre un chapeau quand il fait froid. D'autres ont pour but de promouvoir l'efficacité et l'ordre et sont généralement plus flexibles : mettre la vaisselle dans le lave-vaisselle tout de suite après les repas, ranger les jouets avant de sortir, ne pas regarder la télévision tant que les devoirs ne sont pas faits. Plus les enfants participent à l'élaboration de ces règles, plus il y a de chances qu'ils coopèrent et mieux ils accepteront la désapprobation de leurs parents en cas de non-respect des règles.

Le fait d'avoir des règles dans une famille procure aux enfants un sentiment de sécurité par rapport à la prévisibilité des événements et les aide à comprendre ce qu'on attend d'eux. Quand ils se conforment à ces règles, ils savent qu'ils ont notre approbation, même inexprimée. Lorsque les parents sont divorcés et que les enfants doivent s'habituer et se plier à deux différents ensembles de règles, celles-ci leur facilitent quand même la vie en leur servant de ligne de conduite. Il est étonnant de voir à quel point les enfants comprennent bien le processus compliqué qui consiste à négocier des règles et à quel point ils arrivent à le résumer facilement dans leurs propres mots. Gabriel dit à un ami: «Je vais demander à ma mère. Si elle dit "On verra", c'est dans le sac. Mais si elle dit: "Demandons à ton père", oublie ça.» Voilà la preuve qu'il comprend très bien la dynamique implicite qui prévaut chez lui.

Chaque jour, nos enfants sollicitent notre approbation pour différentes activités. Dans certains cas, il ne s'agit que d'une simple formalité puisqu'ils présument que nous serons d'accord. Lorsque Manuel s'écrie, sur le pas de la porte: «Maman! Je vais chez le voisin voir le nouveau chiot, d'accord?» et que sa mère entend la porte claquer avant d'avoir eu la chance de répondre, elle sait qu'il se soumet à la règle qui veut qu'il la prévienne toujours de ses allées et venues, et ce, même s'il ne va que chez le voisin.

D'autres demandes sont plus compliquées et exigent un certain niveau de négociation entre le parent et l'enfant. Un samedi après-midi, Marianne, âgée de onze ans, reçoit l'appel d'une copine qui l'invite au cinéma. Toutefois, elle n'a pas rangé sa chambre de la semaine. Dans sa famille, une règle précise pourtant qu'il n'y a pas de sorties la fin de semaine pour les enfants dont la chambre est en désordre. Marianne n'a pas le temps de ranger sa chambre maintenant, mais elle a très envie d'accepter l'invitation de son amie.

Marianne et sa mère s'assoient donc pour trouver un compromis. Elles conviennent que Marianne pourra aller au cinéma cette fois, mais elle doit commencer à ranger sa chambre au cours des quinze prochaines minutes en plus de promettre de finir le ménage quand elle rentrera. Elles discutent également des raisons qui font qu'il est préférable d'effectuer les tâches quotidiennes au fur et à mesure au lieu d'attendre à la toute dernière minute. Marianne ira donc au cinéma avec sa copine, mais les circonstances l'ont aidée à prendre conscience de sa mauvaise habitude de tout remettre à plus tard.

Si les enfants apprennent à négocier des règles et à s'y conformer dès leur jeune âge, les situations plus complexes qui surviendront à l'adolescence seront plus faciles à gérer. Lorsque notre adolescent déclare : « Je sors avec mes amis après l'école et je rentrerai plus tard », nous devons lui demander, sans pour autant le harceler de questions inutiles, avec quels amis il sort, où ils iront, comment ils s'y rendront et ce qu'il entend par « plus tard ».

Si possible, il vaut mieux commencer par approuver sa façon d'aborder la situation. Un commentaire tel que « Je suis contente que tu aies pensé à m'avertir » donne un ton positif à la conversation et l'aidera à percevoir sa démarche comme une forme de considération. De plus, ce type de remarque sous-entend que la relation parent-enfant en est une de collaboration et qu'elle respecte à la fois le besoin d'indépendance grandissant de l'enfant et le perpétuel besoin du parent de le protéger. Par conséquent, notre adolescent se voit sous un jour nouveau lorsqu'il élabore des plans. Il sait que ses parents s'attendent à ce qu'il respecte l'entente qu'ils ont conclue. Aussi, à moins que leur relation ne soit devenue franchement hostile, la plupart des enfants s'efforceront, et ce, même durant les années plus difficiles de l'adolescence, de plaire à leurs parents.

C'est en se soumettant à des règles et en vivant dans un environnement familial structuré que les enfants arriveront à s'intégrer à de plus grandes communautés, l'école et le milieu de travail, notamment. En fin de compte, c'est ce qui les prépare le mieux à prendre leur place dans la société. Au gré des expériences vécues à la maison, nos enfants en viennent à comprendre que les lois sont en fait des règles que les gens ont créées pour veiller à ce que certaines choses soient faites ou pour assurer la sécurité et la protection de chacun. Ils se rendent compte que ce sont les règles qui mènent le monde, que ce soit entre les individus ou entre les nations.

Un sens moral à développer

Lorsque nous manifestons notre approbation ou notre désapprobation, nous portons un jugement de valeur : correct ou incorrect, bien ou mal, mieux ou pire. Même quand nous n'exprimons pas nos sentiments de façon explicite, nos enfants sont experts à déceler ce que nous approuvons et ce que nous désapprouvons. Cela dit, cela ne signifie pas que leur comportement sera toujours conforme à nos attentes. À mesure qu'ils acquièrent de la maturité, nos enfants adoptent forcément leur propre échelle de valeurs et celle-ci ne correspond pas toujours à la nôtre. Si nos enfants deviennent des êtres humains responsables qui prennent des décisions en suivant leur conscience et en toute bonne foi, nous devrions nous en réjouir, même si nous n'approuvons pas chacune de ces décisions.

Particulièrement durant l'adolescence, la pression exercée par l'entourage peut grandement influencer nos enfants. Nous ne pouvons pas être constamment avec eux et leur souffler ce qu'il faut faire à l'oreille. Voilà pourquoi il est primordial que les messages que nous transmettons à nos enfants sur la façon de prendre des décisions d'ordre moral soient clairs et forts, sans toutefois être si stricts qu'ils les inciteront inévitablement à la révolte. Face à des choix, nos enfants pourront ainsi compter sur des fondements solides et ils éprouveront le désir de faire ce qui est bien.

À cet égard, notre propre attitude est extrêmement importante. Nous pouvons répéter à nos enfants que c'est mal de mentir et les punir lorsqu'ils ne disent pas la vérité, mais que penseront-ils en nous entendant appeler au travail et prétendre que nous sommes malades afin de pouvoir assister à un match de baseball? Si nous souhaitons que nos enfants aient un sens moral développé, nous devons leur donner l'exemple nous-mêmes, même si c'est parfois embêtant.

Nous désirons que nos enfants s'aiment et aient une image positive d'eux-mêmes, indépendamment de l'approbation ou de la désapprobation des autres. Nous voulons qu'ils soient en mesure d'évaluer leurs propres actions et qu'ils aient la force intérieure d'agir en conséquence.

Jean-Christophe, âgé de douze ans, se rend souvent à la petite épicerie du quartier pour y faire des courses pour sa mère ou pour s'y acheter une boisson gazeuse ou une collation. Il sait bien que d'autres jeunes ont l'habitude de voler des choses dans ce magasin, surtout lorsqu'un certain employé, qui semble s'en balancer, est de service.

Un jour, en entrant dans l'épicerie, Jean-Christophe a très envie d'une collation, mais il n'a que l'argent pour acheter le lait et les œufs dont sa mère a besoin. Il sait qu'il serait si simple de piquer quelque chose: l'employé «indifférent» est à la caisse, plongé dans la lecture d'un magazine.

Jean-Christophe décide de ne pas profiter de la situation. Même s'il devine que ses parents désapprouveraient totalement toute tentative de vol, il sait aussi qu'il ne se ferait probablement pas pincer. La réaction possible de ses parents a donc pu le faire réfléchir, mais ce n'est pas ce qui l'a arrêté. À douze ans, Jean-Christophe a assimilé la règle voulant que ce soit mal de voler et il s'estime suffisamment pour vouloir bien faire, même si l'occasion est tentante. Pour sa propre tranquillité d'esprit et pour se sentir bien dans sa peau, Jean-Christophe résiste à la tentation de voler.

Notre influence sur certains comportements de nos enfants s'arrête là. Nous devons renforcer l'estime de soi de nos enfants de sorte qu'ils apprennent à s'aimer comme ils sont et qu'ils se raccrochent à ce qu'ils croient juste lorsque la pression extérieure se fait inévitablement sentir.

Enseigner à nos enfants à s'aimer

Lorsqu'on leur demande ce qu'ils souhaitent pour leurs enfants, la majorité des parents répondent : « Je veux simplement qu'il soit heureux. » Même si le fait de s'estimer ne garantit pas automatiquement le bonheur, il semble pourtant que ce soit un ingrédient essentiel à une vie heureuse. Les enfants qui s'aiment tels qu'ils sont ont tendance à avoir davantage confiance en eux sans toutefois être égoïstes. Ils nouent des relations plus chaleureuses et plus stables et, une fois adultes, ils ont plus de chances d'avoir des enfants qui s'estiment.

Une fillette de cinq ans prénommée Mathilde s'amuse à se déguiser sous les yeux de sa grand-mère. Chaque fois qu'elle surgit de sa loge imaginaire, en l'occurrence son placard à jouets, sa grand-mère l'applaudit et la questionne sur son nouveau costume.

« Où vas-tu vêtue comme ça ? » demande-t-elle.

L'air le plus digne possible, chancelante dans les souliers à talons hauts de sa mère, Mathilde répond : « Au bal. »

« Le prince tombera-t-il amoureux de toi ? » demande sa grand-mère.

La fillette la regarde en plissant le front, l'air songeur : « Peut-être », dit-elle, comme si c'était le dernier de ses soucis. Puis elle s'entoure de ses bras dans une étreinte à elle-même et court vers sa grand-mère avant de s'effondrer sur ses genoux, secouée par un incontrôlable fou rire. Il semble que l'approbation du prince ne compte guère. Mathilde est visiblement bien dans sa peau. Son rire est contagieux et bientôt, sa grand-mère rit à son tour, contente de voir que sa petite-fille est sur la bonne voie.

Les règles que nous établissons avec nos enfants reflètent ce qui est important à nos yeux. Elles déterminent nos attentes envers nos enfants et elles leur apprennent à discerner le bien du mal. Il est plus facile pour nos enfants d'obtenir notre approbation lorsque nos attentes envers eux sont réalistes, lorsque nous nous montrons fermes mais flexibles et que nous créons avec eux un cadre familial où leurs contributions sont respectées et intégrées à la vie familiale. Dans un environnement où ils bénéficient de notre soutien et de notre tendresse, nos enfants peuvent ensuite s'épanouir sans contrainte et profiter d'un cadeau inestimable : la certitude d'être aimés et appréciés pour leurs propres talents. Voilà qui leur procure la meilleure base possible pour devenir des adultes qui sauront s'apprécier à leur juste valeur.

Si un enfant vit dans l'attention, il apprend qu'il est bon d'avoir un but

Vous arrive-t-il de vous laisser une note sur le réveil, le miroir de la salle de bains ou la porte? Avez-vous remarqué que vous vous habituez tellement à sa présence qu'un beau jour, vous ne la voyez plus du tout? Cela explique pourquoi il n'est pas efficace d'afficher sur la porte du réfrigérateur un avertissement qui dit: «Le fait d'ouvrir cette porte peut constituer un risque pour la santé.» Au bout d'un moment, on n'y prête plus attention.

De la même façon, il nous arrive parfois de ne plus voir nos enfants. Nous sommes tellement occupés à essayer de partager notre temps entre nos innombrables obligations que nous en oublions de prêter attention à nos enfants. Nous les conduisons à l'école, nous leur préparons à souper, nous supervisons leurs activités, mais nous ne nous arrêtons pas pour avoir une vraie conversation avec eux.

Les enfants grandissent et changent si vite. Il semble qu'en l'espace de quelques jours seulement, un bébé devient un bambin et qu'un enfant se transforme en adolescent. Nos enfants grandissent sous notre nez et nous sommes quelquefois si débordés que nous manquons quelques étapes en cours de route. Nous devons régulièrement faire l'effort de leur accorder toute notre attention, comme si nous les voyions pour la première fois.

Il n'est pas difficile de porter attention à nos enfants. Il suffit de prendre le temps de les regarder. Notre attention les nourrit, les réconforte, leur donne de l'énergie et du courage.

Lors d'une promenade au parc par une journée d'automne, la petite Élise, âgée de quatre ans, tire sur la manche de sa mère et demande : « Est-ce qu'on peut aller par là ? J'aimerais avoir quelques-unes de ces grosses feuilles. »

« Mais, ma chérie, la pelouse est toute mouillée et tu as déjà ramassé beaucoup de feuilles », répond sa mère.

« Oui, mais je n'ai pas de feuilles comme celles-là et j'en ai besoin pour ma collection », dit la fillette d'un ton insistant.

Sa mère la dévisage, étonnée. Elle a remarqué qu'Élise ramassait des feuilles, mais elle ignorait qu'elle les collectionnait ; en fait, elle ne savait même pas que sa fille connaissait le mot « collection ». Elle comprend que le besoin d'Élise de créer et de poursuivre un projet jusqu'au bout indique qu'elle développe peu à peu son esprit d'indépendance. Elle s'arrête, admire les feuilles qu'Élise tient dans sa main et la regarde courir vers un vieux chêne. Sur le chemin du retour, elles discutent des différents types d'arbres de même que de la forme et de la couleur uniques de chaque feuille.

Si nous prenons le temps d'accorder toute notre attention à nos enfants, en écoutant ce qu'ils disent, en regardant ce qu'ils font et en cherchant à découvrir ce qu'ils ressentent, ce sera beaucoup plus facile pour nous de mesurer l'importance de leurs efforts et de leurs succès tandis qu'ils apprennent à agir pour atteindre un objectif. De plus, nous saurons mieux identifier les moments où nous devons les laisser se débrouiller et ceux où nous devons leur prêter main-forte.

Pas à pas

Dès l'instant où nous choisissons de ne pas tendre un jouet à un bébé pour mieux le laisser l'atteindre en rampant, en roulant ou en glissant sur son derrière, nous lui apprenons qu'il est bon d'avoir un but. Nous reconnaissons ses efforts en l'encourageant à aller vers le jouet et nous nous réjouissons avec lui lorsqu'il finit par mettre la main dessus.

Lorsqu'ils sont un peu plus grands, c'est en se fixant des objectifs et en les atteignant que nos enfants renforcent leur confiance en eux et qu'ils adoptent une attitude dynamique. Notre rôle consiste alors à les aider à identifier clairement leurs buts et à nous assurer que ceux-ci sont accessibles. Nous pouvons les ramener à la réalité en compensant leur imagination débordante par des conseils pragmatiques. Et pendant qu'ils s'appliqueront à l'atteinte de leurs objectifs, nous serons là pour leur offrir encouragements et soutien.

Pour chacun d'entre nous, jeune ou vieux, le meilleur moyen d'atteindre un objectif consiste en tout premier lieu à définir exactement ce que l'on vise. Il faut ensuite déterminer ce qui doit être accompli et fractionner le projet en plusieurs petites étapes. Nous rendons un immense service à nos enfants lorsque nous les familiarisons avec cette marche à suivre. À chaque étape qu'ils franchissent, ils apprennent comment «A» les a conduits à «B», permettant ainsi à «C» de se concrétiser. Ils constatent qu'une fois que toutes les étapes ont été franchies, leur objectif est atteint.

Cela peut paraître un peu simpliste, mais il est étonnant de voir à quel point nous ne sommes pas suffisamment organisés, en général, pour d'abord définir les étapes que nous suivrons pour atteindre un but. La plupart du temps, nous nous jetons tête baissée dans de nouveaux projets sans nous donner la peine de planifier nos efforts. Avec une telle approche, il est facile de s'éparpiller, de se sentir débordé ou de ne pas trop savoir quelle direction prendre ; bientôt, on perd notre objectif de vue et notre dynamisme s'envole du même coup. Ce n'est pas un bon modèle pour nos enfants. Nous leur donnons un meilleur exemple en élaborant d'abord une stratégie et en persistant dans la réalisation de notre projet, partageant nos succès en cours de route et célébrant notre réussite une fois que nous touchons notre but. Qu'il s'agisse de peindre la maison, de faire un jardin ou de confectionner une courtepointe, nos enfants apprennent en observant la façon dont nous nous y prenons pour planifier ces projets et les mener à terme.

Cette vieille maxime qui dit que le voyage est tout aussi important que la destination peut non seulement nous aider à planifier la réalisation de nos objectifs, mais elle peut aussi nous rappeler de prêter attention et de faire honneur aux premiers balbutiements de nos enfants alors qu'ils s'efforcent d'atteindre leurs propres buts.

Anne-Marie, qui a cinq ans, décide de faire une surprise à ses parents en faisant leur lit. À force de courir d'un côté du lit à l'autre, elle parvient à remonter la couette presque jusqu'en haut.

Son père et sa mère la remercient en disant : « Beau travail ! Tu es très serviable. » Alors qu'Anne-Marie s'en va jouer dehors d'un pas joyeux, son père se penche vers le lit et tend le bras pour replacer le coin de la couette.

« Ne touche à rien ! dit la mère. Le travail d'Anne-Marie doit être reconnu et accepté tel quel. N'allons pas tout gâcher. »

« Tu as raison », dit le père de la fillette. Il s'aperçoit qu'il est plus important de reconnaître les efforts de leur fille que d'avoir un lit parfaitement bien fait.

Cent fois sur le métier...

Certains enfants n'ont pas de difficultés à établir un lien entre les efforts qu'ils fournissent et le résultat qu'ils obtiennent. Très jeunes, ils comprennent que plus ils s'exercent à jouer du piano, à faire de la gymnastique ou à frapper une balle de baseball, meilleurs ils seront. Pour d'autres, cette relation n'est pas aussi évidente. Ils demanderont à quelqu'un dont ils admirent les exploits, l'air sincèrement étonné : « Comment es-tu devenu aussi bon ? » À leurs yeux, le succès semble presque relever de la magie.

En expliquant à nos enfants que leurs actions peuvent avoir un effet cumulatif, nous pouvons les aider à comprendre qu'atteindre un but ou acquérir de l'expérience exige des efforts. Élizabeth et Claire, toutes deux âgées de douze ans, projettent un séjour dans un camp de vacances où elles pourront jouer au hockey sur gazon. Elles savent que, pendant deux semaines, elles passeront leurs journées entières à pratiquer ce sport. Claire commence à s'entraîner un mois avant le début du camp, augmentant peu à peu son endurance, jusqu'à ce qu'elle parcoure environ cinq kilomètres au pas de course chaque matin. De son côté, Élizabeth se dit qu'elle saura bien s'adapter à son nouvel horaire une fois au camp.

La mère d'Élizabeth craint que sa fille ne s'expose à un réveil brutal. Par ailleurs, elle sait qu'Élizabeth n'aime pas qu'on lui dise quoi faire. Elle décide donc d'inciter sa fille à imaginer ce qui se passera en lui posant quelques questions censées la faire réfléchir : « Combien d'heures par jour joueras-tu ? Les responsables du camp vous ont-ils recommandé de vous préparer d'une façon particulière ? » Jamais elle ne dit : « Tu dois commencer à t'entraîner » et elle se garde bien de lui faire la leçon. Elle choisit plutôt d'amener Élizabeth à songer à ce qui se passera au camp. Elles discutent ensemble de ses attentes et de ce qu'elle peut faire pour se préparer. Grâce à l'intervention opportune mais subtile de sa mère, Élizabeth décide d'entreprendre un programme d'entraînement afin de se mettre en forme.

Épargner pour se gâter

L'argent de poche est souvent pour les enfants la première occasion d'apprendre la valeur de l'argent : ils se familiarisent avec le prix de différentes choses et ils peuvent acquérir de bonnes habitudes d'épargne dans le but de s'offrir quelque chose qu'ils désirent. Quand ils gèrent leur propre argent de poche, ils apprennent vite qu'en renonçant à s'acheter des friandises toutes les semaines, ils pourront peut-être s'offrir quelque chose qui leur tient à cœur dans quelque temps : des patins à roues alignées, un jeu électronique, une poupée ou une bicyclette. De plus, c'est un moyen pour les enfants d'affirmer leur indépendance et de s'exercer à prendre des décisions. Lorsqu'un jouet ou un jeu vidéo devient ce qu'ils désirent le plus au monde, mais que maman et papa ne veulent pas le leur acheter, ils ont encore la possibilité de se le procurer avec leur propre argent. Le fait de recevoir de l'argent de poche leur donne voix au chapitre des décisions et peut contribuer à dédramatiser la situation lorsqu'il est question de dépenser.

Il existe différentes écoles de pensée quant à ce que l'argent de poche doit représenter. Dans certaines familles, les enfants le gagnent en effectuant des tâches ménagères précises. Dans d'autres, l'argent de poche n'est lié à aucune obligation spécifique, mais les enfants peuvent être récompensés en argent s'ils accomplissent des tâches spéciales. Selon moi, l'argent de poche ne devrait pas servir à payer l'enfant qui participe à des tâches quotidiennes essentielles au bon fonctionnement de la maisonnée, comme mettre ou débarrasser la table, sortir les ordures ou nourrir le chien. Nous voulons que nos enfants apprennent qu'en tant que membres de la famille, ils doivent donner un coup de main dans la maison. En fait, l'argent de poche devrait être perçu comme une façon de partager le revenu familial et de reconnaître que l'enfant est un membre important et actif dans la famille.

Robin, âgé de douze ans, met son argent de poche de côté depuis des mois dans l'espoir de s'acheter une planche à roulettes au printemps. Ses parents ne considèrent pas que c'est un objet essentiel et ils ont fait savoir à leur fils qu'il devrait se l'offrir avec ses propres économies. Robin a reconnu à contrecœur qu'il s'agit d'un «désir» et non d'un «besoin». En avril, cependant, il lui manque toujours vingt dollars et le garçon se sent frustré.

«Tu as fait du bon travail en épargnant ton argent de poche durant tout l'hiver, dit son père. Qu'est-ce que tu pourrais faire maintenant pour gagner la somme qui te manque?»

«C'est encore un peu tôt pour les travaux de jardinage», répond Robin d'un ton découragé.

«Oui, mais c'est le moment idéal pour nettoyer les voitures. Il faut bien enlever toute cette saleté accumulée au cours de l'hiver», fait remarquer son père.

Le visage de Robin s'éclaire. «Oui! On se prépare pour le printemps.» Robin a donc placardé quelques affiches dans le quartier, ce qui lui a permis de laver cinq voitures. Il a même engagé son petit frère pour l'aider.

Le père de Robin a appuyé son fils en reconnaissant qu'il était déjà sur la bonne voie et en l'aidant à identifier l'étape suivante pour atteindre son but. Par cette expérience, Robin a appris comment épargner et gagner de l'argent. Plus important encore, il a appris à ne pas renoncer à son but et à persévérer jusqu'à ce qu'il ait trouvé le moyen de l'atteindre.

Encourager l'optimisme de nos enfants

Nous souhaitons que nos enfants voient leurs rêves et leurs buts d'un œil confiant et optimiste. Nous savons qu'il y aura des moments de découragement, mais en reconnaissant chaque étape franchie en cours de route et en encourageant nos enfants à ne pas baisser les bras devant les frustrations, nous pouvons les aider à conserver une attitude positive et à atteindre les objectifs qu'ils se sont fixés.

Partout autour de nous, les occasions de prêter attention à nos enfants et d'encourager leur optimisme foisonnent. Un après-midi, on a sonné chez moi. En ouvrant la porte, j'ai aperçu quatre visages à la mine rayonnante. La fillette de huit ans qui habite à côté était accompagnée de trois de ses amies. Chacune d'elles exhibait une chaîne faite de fils colorés à laquelle étaient fixées une boule d'argile à une extrémité et des perles brillantes à l'autre. « C'est nous qui les avons fabriquées ! Tout le monde en a besoin et elles ne coûtent que cinquante cents », ont-elles déclaré. Leur enthousiasme était contagieux. J'en ai acheté deux.

« Elles » sont maintenant accrochées à la fenêtre de ma cuisine. Le soleil du matin se reflète dans les perles de verre et rend leurs magnifiques couleurs encore plus brillantes. Que sont-elles ? À quoi servent-elles ? Je n'en ai pas la moindre idée. Je les ai achetées parce que je voulais encourager l'esprit d'entreprise de ces enfants et leur faire savoir qu'il est bon d'avoir un but. Et je les garde dans ma cuisine parce que ça me fait sourire et ça m'encourage de les regarder.

Si un enfant vit dans le partage, il apprend à être généreux

La vie de famille consiste à partager notre temps, notre espace et notre énergie avec les autres. Nos enfants apprennent à partager lorsqu'ils expérimentent la coopération et le compromis au sein de leur famille, qu'il s'agisse de l'utilisation de la salle de bains, d'un jouet, de la voiture ou de ressources financières limitées. En partageant de bonne grâce avec les autres et avec nos enfants, nous leur apprenons à être généreux. La générosité véritable ne peut s'enseigner, mais nous pouvons fournir à nos enfants un modèle de générosité désintéressée en espérant qu'ils choisiront de le suivre.

J'entends souvent des parents dire à leurs jeunes enfants qu'ils « doivent » partager. On pourrait croire qu'il s'agit là d'un moyen de leur montrer à partager, mais tout ce que ces enfants apprennent, en réalité, c'est à faire ce qu'on leur dit. Ils ne découvrent pas cet esprit de générosité qui nous pousse à partager avec les autres.

Où commence le partage ?

Soyons honnêtes. Nous souhaitons que nos enfants partagent en partie parce que nous ne voulons pas qu'ils soient perçus comme des êtres égoïstes. Cela dit, il est très important de tenir compte des limites imposées par leur jeune âge. Leur capacité à partager dépend en grande partie du développement de leurs fonctions cognitives, car ce sont ces dernières qui permettent à l'enfant d'accorder de l'importance aux sentiments et aux besoins des autres. Les très jeunes enfants ne sont pas prêts à partager parce qu'ils sont littéralement incapables de se mettre dans la peau de quelqu'un d'autre. La capacité de se mettre à la place des autres s'acquiert au terme d'un long processus qui s'étire jusqu'à l'âge adulte.

Dès le berceau, le nouveau-né « possède » tout ce qu'il y a dans l'univers, y compris sa mère et son père. En fait, il ne peut pas se différencier de ses parents. Il franchit une étape déterminante dans son développement lorsqu'il arrive à reconnaître sa mère comme une personne distincte.

Parce qu'ils sont incapables de vraiment comprendre un autre point de vue que le leur, il est naturel pour les tout-petits d'être égoïstes. Ils veulent tout et tout de suite. Qu'importe si votre jeune enfant est du nombre! Ils sont des millions de bambins à agir ainsi sur la planète. Cela fait partie de notre devoir de parents de les amener petit à petit à faire preuve de générosité.

Il est préférable de commencer par un partage qui ne demande pas de sacrifice personnel. Vous pouvez amorcer ce processus très tôt, même avec un jeune enfant dans sa chaise haute, en insistant sur certains mots-clés et en l'initiant à la notion de partage par la division des aliments : « Nous partageons les carottes : en voici pour toi, en voici pour moi » ou « Maman prend un biscuit, papa prend un biscuit et tu en prends un aussi ». En grandissant, les enfants apprennent des façons de partager plus sophistiquées : offrir la nourriture aux invités avant d'en prendre eux-mêmes et attendre leur tour, entre autres.

Les jeunes enfants commencent leur vie sociale en jouant côte à côte ; c'est ce que les psychologues appellent le « jeu parallèle ». Ils apprécient la présence de l'autre et ils la remarquent, mais ils n'interagissent pas beaucoup. Vers l'âge de deux ans et demi, ils peuvent commencer à réellement jouer ensemble. Cette étape constitue un grand pas dans le développement social d'un enfant. C'est le stade où il est prêt à commencer à faire l'expérience du partage.

Quentin, âgé de deux ans et demi, s'amuse avec des petits camions en bois lorsque Marc-André, qui a le même âge, s'approche et s'empare d'un des véhicules. Quentin s'empresse de le reprendre. Souvent, un adulte intervient à ce moment-là et insiste pour que l'enfant partage; mais il vaut mieux, en général, laisser les enfants se débrouiller seuls.

Si Quentin refuse de partager avec Marc-André, il n'aura pas de compagnon de jeu bien longtemps. S'il se retrouve seul assez souvent, il commencera peut-être à comprendre qu'il y a des avantages à partager, comme avoir quelqu'un avec qui jouer. Aussi, nous pouvons faire remarquer à Quentin que Marc-André aimerait bien jouer avec lui; toutefois, s'il refuse d'accueillir le nouveau venu, il est inutile d'insister. Il faut expliquer à Marc-André que Quentin voudra peut-être jouer avec lui un peu plus tard, puis l'aider à trouver un autre jouet pour s'occuper. Même si nous désirons que nos enfants partagent avec les autres, nous voulons aussi respecter leur droit de s'adonner à des activités de leur choix et nous souhaitons que la décision de partager vienne d'eux, en temps voulu.

La curiosité naturelle des enfants intervient souvent dans ce processus. Après avoir essuyé le refus de Quentin, Marc-André se met à jouer avec l'arche de Noé composée d'un bateau de bois et de magnifiques animaux peints. Quentin lui jette un coup d'œil. Les créatures sont attirantes et Marc-André semble bien s'amuser avec elles. Quentin continue de l'observer avec un intérêt grandissant. Il finit par s'approcher de Marc-André en apportant quelques camions avec lui. Il invite le garçon à en prendre un et à le poser sur l'arche. En retour, Marc-André lui offre deux zèbres pour qu'il les place dans les camions. Les deux bambins apprennent qu'il peut être encore plus amusant de jouer à deux.

Au fur et à mesure qu'ils grandissent, nous espérons les voir manifester le désir spontané de partager avec les autres. Cependant, nous ne pouvons pas toujours compter uniquement sur leur bonne volonté pour que cela se réalise. Le partage doit avoir du sens aux yeux d'un enfant et ne pas lui donner une impression de perte. Souvent, nous pouvons intervenir pour faire en sorte que le partage soit un choix avantageux.

Un après-midi, Raphaël, qui a quatre ans, se rend jouer chez son meilleur ami, Pierre-Luc. Dans une pièce remplie de jouets, Pierre-Luc place une feuille de papier blanche sur un chevalet. Raphaël s'approche et dit : « Je veux peindre aussi. » Son ami réagit en s'emparant du pinceau. Constatant qu'il y a de l'orage dans l'air, la mère de Pierre-Luc apporte aussitôt d'autres pinceaux et une immense feuille de papier. « Voilà ! Ça vous dirait de faire un dessin ensemble ? » demande-t-elle. Les garçons sont ravis. En partageant, ils obtiennent une plus grande feuille de papier et davantage de peinture. La mère de Pierre-Luc a fait de ce partage une expérience agréable.

Bien avant leur entrée à la maternelle, la plupart des enfants ont saisi le concept du partage et de la possession. Les enfants de cet âge peuvent établir la distinction entre posséder, utiliser et emprunter des biens. Ils savent faire la différence entre ce qui leur appartient et ce qui appartient aux autres, et ils comprennent que certaines choses peuvent être utilisées par tout le monde. Alors que les « C'est à moi ! » « Non, à moi ! » fusent de tous côtés lorsque des bambins sont en train de jouer, l'une des principales choses que les enfants apprennent durant les années préscolaires est comment et quand partager avec les autres.

Bien sûr, il faut comprendre que certains objets, tels un ourson en peluche ou une couverture qu'ils affectionnent tout particulièrement, représentent beaucoup aux yeux de l'enfant qui y associe chaleur, réconfort, amour et sécurité. Lorsqu'ils ont leur « doudou » avec eux, les enfants éprouvent un profond sentiment d'appartenance, un peu comme quand ils sont assis sur les genoux de leur mère. Les autres membres de la famille doivent respecter ces objets. On ne devrait pas demander aux enfants de partager leurs trésors. Il ne faut pas non plus les leur retirer par mesure disciplinaire ni s'en servir pour ridiculiser un enfant. Enfin, si un frère, une sœur ou un ami en visite tente de s'approprier l'objet bien-aimé, l'enfant ne devrait jamais être forcé à y renoncer. Nous pouvons alors expliquer à l'enfant fautif que certaines choses ne se partagent pas et qu'il doit trouver autre chose pour jouer.

Et rappelez-vous: les vieux «doudous» ne disparaissent pas comme par enchantement. On les lave! Certaines peluches survivront même jusqu'au collège… et au-delà!

«Retourne le bébé d'où il vient!»

L'une des choses les plus difficiles à partager pour un jeune enfant est l'attention de ses parents lors de l'arrivée d'un deuxième bébé. C'est naturel que l'aîné ait l'impression qu'on lui a retiré quelque chose. En fait, il a raison, d'une certaine façon. Ses parents doivent maintenant tenir compte des besoins de deux petits êtres, ce qui exige encore plus de temps et d'énergie. La naissance d'un troisième enfant et des suivants n'est pas aussi difficile que l'arrivée du second, car, à ce stade, les enfants sont déjà plus habitués à partager.

Au départ, Jules, âgé de quatre ans, est très excité d'apprendre qu'il aura un petit frère. Il a bien hâte de devenir le «grand garçon» de la famille. Pourtant, une fois le bébé arrivé à la maison, la situation n'est pas aussi amusante que prévu.

«Tu ne joues plus jamais avec moi», dit-il à sa mère en gémissant.

«Tu as raison, Jules», soupire sa mère, éreintée. «Tout est différent avec le nouveau bébé. Peut-être qu'on pourrait jouer au jeu des serpents et échelles cet après-midi pendant qu'il dormira», ajoute-t-elle, même si elle rêve de faire la sieste aussi.

Les parents de Jules l'ont préparé à la naissance du bébé et ils prennent soin de le féliciter quand il se comporte en grand frère raisonnable. Tous les jours, chacun d'eux essaie de passer un peu de temps seul avec lui. La famille et les amis qui leur rendent visite sont sensibles à la situation de Jules et ils lui accordent beaucoup d'attention: certains lui apportent même des cadeaux. Tout cela contribue à diminuer l'intensité des sentiments de Jules, mais il demeure qu'il a perdu sa position privilégiée d'enfant unique et qu'il devra dorénavant partager ses parents avec un bébé qui leur demande beaucoup de temps. Les adultes savent que cela fait partie de la vie, mais aux yeux de Jules, il s'agit d'une grave injustice. Il est impossible de retourner les bébés d'où ils viennent, comme le suggèrent souvent de nouveaux grands frères et de nouvelles grandes sœurs pleins d'espoir; en revanche, nous pouvons écouter ce que nos enfants ont à dire, prendre leurs sentiments au sérieux et faire de notre mieux pour passer du temps seul avec eux.

Trouver du temps pour nos enfants

La générosité véritable suppose un désir sincère de donner de façon désintéressée, sans espoir d'y trouver un quelconque bénéfice ou d'obtenir quelque chose en retour. Cela signifie que nous donnons pour répondre aux besoins d'une personne qui compte pour nous. Même si, pour ce faire, nous devons consentir un sacrifice ou subir un désagrément, nous ne le percevons pas comme une perte puisque ce genre de partage est valorisant en soi.

Cette description correspond certainement à l'essentiel de notre rôle de parents. Nous donnons à nos enfants parce qu'ils ont besoin de nous et nous leur accordons encore plus de temps lorsqu'ils traversent des périodes difficiles, renonçant à nos propres besoins pour combler les leurs. Si nous nous attendons à être dédommagés par eux de façon spécifique et immédiate, nous nous exposons à une vive déception. Ce ne sont pas les remerciements ni ce que nous espérons obtenir en retour qui rendent moins pénibles les sacrifices que nous faisons pour nos enfants, mais l'amour extraordinairement fort que nous éprouvons pour eux et la sollicitude qu'ils nous inspirent dès l'instant où ils naissent.

Notre présence et notre attention constituent le plus précieux cadeau que nous pouvons offrir à nos enfants. Il ne faut jamais oublier que le seul fait d'être avec nos enfants leur est profitable, peu importe leur âge. Cependant, le plus difficile consiste parfois à trouver du temps pour eux. Un grand nombre de parents doivent jongler pour tout concilier. Entre le travail, la maison, la vie de couple et les enfants, beaucoup ont l'impression de ne pas suffire à la tâche. Les exigences sont encore plus grandes pour les chefs de familles monoparentales.

Un père divorcé décide de passer plus de temps avec son fils de onze ans. «Faisons un plan qui nous permettra de passer plus de temps ensemble, toi et moi. D'accord?» Le garçon réagit avec prudence. Il regarde son père d'un œil soupçonneux et lui demande d'un ton sérieux: «Et ça ressemblerait à quoi?»

On ne peut pas rattraper le temps perdu. Il est beaucoup plus important d'utiliser à bon escient le temps que nous passons avec nos enfants. À cet égard, nous devons être très honnêtes envers nous-mêmes à propos des choix que nous faisons dans nos vies. Lorsque nous nous disons: «Je vais mettre les bouchées doubles pendant quelque temps et travailler de longues heures; quand j'aurai obtenu un certain succès, je passerai plus de temps avec ma famille», nous arrivons peut-être à nous leurrer, mais nos enfants, eux, ne sont pas dupes. Ils grandiront avec ou sans nous, et lorsque nous nous tournerons vers eux, prêts à leur accorder plus de temps, peut-être ne seront-ils pas aussi réceptifs ou disponibles. Il serait plus sage de faire notre priorité du temps que nous passons avec nos enfants, et ce, dès le début. Il reste que c'est plus facile à dire qu'à faire. Des tensions financières et professionnelles peuvent venir compliquer la situation de sorte qu'il est parfois très difficile de savoir où s'arrêter. Malgré tout, il faut toujours se rappeler à quel point nos enfants grandiront vite et s'efforcer, dans la mesure du possible, d'être là pour eux.

Parfois, nous croyons passer du temps avec nos enfants, alors qu'en réalité, il n'en est rien. À titre de bénévole, la mère de Jérémie s'occupait d'un groupe de jeunes à l'église. Lorsqu'il en faisait partie, Jérémie était fier de voir sa mère superviser leurs activités. Toutefois, un conflit d'intérêts s'est manifesté quand il a grandi et qu'il a commencé à pratiquer plusieurs sports d'équipe. Sa mère assistait régulièrement aux réunions du groupe à l'église, pendant que lui disputait un match de football sans personne pour l'encourager dans les gradins. Étant de ces personnes qui aiment mener leurs projets à bien, la mère de Jérémie a trouvé difficile de renoncer à son engagement envers le groupe, même si elle savait qu'il était peut-être plus important pour elle d'utiliser son temps et son énergie à autre chose.

« Même la mère de Jean-Michel est là, disait Jérémie d'un ton plaintif, et il reste presque toujours sur le banc. »

Jérémie a besoin que sa mère lui consacre du temps et de l'attention, mais d'une autre façon. Il veut qu'elle s'intéresse à ce qu'il fait *maintenant.*

Le temps et l'énergie dont nous disposons ne sont pas inépuisables. Nous devons constamment réévaluer nos priorités, nos activités et nos engagements à la lumière du développement de nos enfants. Pour bien partager notre temps, il nous faut faire preuve de flexibilité et nous adapter au fur et à mesure que leurs besoins évoluent. Nous devons suivre le rythme alors que des changements surviennent dans leurs vies et être là pour eux non seulement quand ils sont petits, mais également quand ils grandissent.

Une attention pleine et entière

Ce que nous faisons des moments passés en compagnie de nos enfants est aussi important que leur durée. Si c'est à contrecœur que nous consacrons du temps et de l'énergie à nos enfants, ces derniers percevront notre ressentiment et notre impatience plutôt que notre générosité.

Une fillette de neuf ans prénommée Marie-Jeanne demande à sa mère de l'aider à préparer une lecture de poèmes pour son cours de français. « D'accord, dit sa mère brusquement, mais dépêchons-nous. J'ai plusieurs coups de téléphone à donner. » Bien qu'elle soit contente que sa mère accepte de l'aider, Marie-Jeanne se sent bousculée. Pire encore, elle a le sentiment angoissant que son projet est sans intérêt, qu'il ne s'agit que d'une chose à expédier et que les appels de sa mère sont plus importants.

Lorsque nous donnons de notre temps généreusement, nos enfants savent que ces moments que nous avons choisi de passer avec eux sont au moins aussi précieux à nos yeux que n'importe quoi d'autre dans nos vies. Même s'ils doivent comprendre que nous ne pouvons pas passer tout notre temps à nous occuper d'eux, qu'il s'agisse de bambins ou d'adolescents, nos enfants devraient avoir droit chaque jour à au moins quelques minutes de notre attention pleine et entière. Il y a bien certains jours où il nous est plus difficile de trouver des moments libres, mais ce n'est sûrement pas trop demander de leur part.

La satisfaction de partager avec les moins fortunés

Les enfants découvrent une autre forme de partage lorsqu'ils s'offrent pour aider les démunis. À l'approche de Noël, ils sont souvent invités, par leur école ou par des organismes de charité, à participer à différentes activités de partage telles que la cueillette de jouets ou de denrées non périssables. Habituellement, ils sont heureux d'y prendre part, car ils reconnaissent qu'à la maison, ils ont bien plus de nourriture et de jouets qu'ils n'en ont besoin. De plus, les enfants comprennent facilement à quel point il est triste de voir des gens dans le besoin. Ils n'ont pas l'impression de sacrifier quoi que ce soit et ils apprécient le sentiment de bonne volonté qu'ils ressentent en se joignant à d'autres dans le partage. Ne manquons pas de profiter de telles occasions pour transmettre à nos enfants la joie de partager avec les moins fortunés.

Une fois qu'ils sont sensibilisés aux besoins des autres, certains enfants souhaitent intervenir directement. Nous devrions encourager nos enfants à se fier à leur intuition pour venir en aide aux démunis, même si cela a pour conséquence de nous imposer un sacrifice ou de nous causer un inconvénient. Ils auront peut-être besoin de notre aide pour trouver des idées qui leur permettront d'aborder les problèmes qu'ils ont observés. Un enfant peut choisir de donner de son temps pour faire du bénévolat ou mettre de côté chaque semaine une partie de son argent de poche pour une bonne cause. Même seuls, les enfants peuvent accomplir des choses surprenantes. Un jour, un garçon de onze ans a lancé une campagne dans le but de ramasser des couvertures pour les sans-abri. Bientôt, il a commencé à leur distribuer des manteaux, du café et des sandwichs. Même s'il a reçu l'aide d'adultes à mesure que son projet prenait de l'ampleur, le garçon est demeuré le pilier de cette organisation. Il a continué à travailler sur le terrain, distribuant couvertures et manteaux, et il a agi comme porte-parole pour solliciter la générosité des gens.

« *Merci pour ce que tu fais pour moi* »

Quand les enfants grandissent dans une famille où le partage est un mode de vie, ils connaissent bien l'importance de donner et la joie que cela leur procure. À l'adolescence, ils comprennent peu à peu qu'être parents exige un grand dévouement. À ce stade, ils commencent à pouvoir donner un peu en retour.

Un soir, Roxane, âgée de quinze ans, étudie des mots de vocabulaire avec l'aide de sa mère jusqu'à une heure tardive. Le lendemain matin, la mère de Roxane trouve une note de sa fille : *Merci d'être restée debout si tard. J'apprécie beaucoup ton aide.*

Voilà des moments qui nous redonnent confiance en nous-mêmes en tant que parents. Le jour où nos enfants commencent à nous remercier de ce que nous avons fait pour eux, nous sommes assurés qu'ils ont une bonne idée de ce qu'est la générosité. C'est une notion complexe qu'on peut mettre toute une vie à bien saisir.

Nous souhaitons que nos enfants grandissent en sachant donner de manière désintéressée, sans espoir d'y trouver un quelconque bénéfice, et que ce soit pour eux l'occasion d'exprimer leur bienveillance et leur appartenance. Nous désirons qu'ils fassent preuve de générosité et qu'ils s'impliquent dans leur communauté en y consacrant une partie de leur temps, de leur énergie, de leur attention et de leurs biens. Ce n'est pas tout le monde qui est capable d'une telle générosité, mais ceux qui y parviennent ont une vie enrichissante et rendent notre monde meilleur.

Si un enfant vit dans l'honnêteté, il apprend à être authentique

L'authenticité est probablement la chose la plus difficile à enseigner entre toutes. Car même si la majorité des parents s'entendent pour dire que l'honnêteté et l'authenticité sont des valeurs importantes qu'il faut inculquer à nos enfants, il demeure qu'il nous arrive tous, dans certaines circonstances, d'être plus ou moins honnêtes dans la vie de tous les jours. De plus, le fait de déterminer pourquoi, quand et jusqu'à quel point il faut faire preuve d'honnêteté est une question extrêmement complexe et des plus personnelles. Pour la plupart, nous racontons à nos enfants des histoires que nous considérons comme inoffensives, à propos du père Noël et de la fée des dents, par exemple, alors que d'autres croient que même ces légendes sont une forme de malhonnêteté. Certains pensent qu'il est acceptable de mentir sur l'âge des enfants pour qu'ils voyagent gratuitement en avion ou qu'ils paient le tarif réduit au cinéma ; d'autres pas. Quelle que soit notre échelle de valeurs, il nous arrive tous ou presque de dire un pieux mensonge afin de nous simplifier la vie, de gagner du temps ou de ménager les sentiments des autres. Toutefois, devant les mêmes dilemmes, nous ne prendrions pas tous les mêmes décisions. Il n'y a pas de doute, ce n'est pas toujours facile de savoir s'il vaut mieux dire toute la vérité ou s'il est préférable de la déguiser ou même de mentir.

Si ce n'est pas simple pour les adultes, imaginez à quel point cela peut être nébuleux pour nos enfants. D'une part, ils savent que nous accordons de la valeur à l'honnêteté et que nous nous attendons à ce qu'ils fassent preuve de franchise. D'autre part, ils sont témoins de notre inconsistance et ils découvrent que, dans certaines circonstances, leur franchise semble nous déconcerter. Comment peut-on leur enseigner l'importance d'être honnêtes tout en reconnaissant à quel point cela peut être compliqué quelquefois?

Aller au fond des choses

Nous pouvons commencer par aider nos enfants à comprendre que l'honnêteté et l'authenticité sont des aspects différents d'une même chose. L'honnêteté se rapporte à toute une gamme d'attitudes, y compris notre capacité de voir et de vivre les événements tels qu'ils sont, sans déformation, sans prendre nos rêves pour des réalités, sans évitement ni dénégation. L'authenticité fait appel à notre capacité de communiquer ce que nous voyons et ce que nous vivons avec exactitude et clarté. Nous voulons aussi que nos enfants, à mesure qu'ils grandissent, développent une certaine discrétion et qu'ils arrivent à discerner les situations où il vaut mieux taire la vérité ou, du moins, une partie de la vérité. De même, ils doivent comprendre la différence entre un mensonge et une erreur commise en toute bonne foi. Le mensonge suppose une tromperie délibérée et c'est cette tromperie qui est déplorable, et pas seulement le fait rapporté incorrectement.

Nous devons enseigner à nos enfants à reconnaître la vérité et à la regarder en face, même lorsqu'ils préfèrent ne pas le faire et que cela les rend mal à l'aise. Nous désirons qu'ils soient capables de nous rendre compte de manière exhaustive et exacte de ce qui s'est passé dans une situation donnée ou encore de ce qu'ils ont fait. Cela implique qu'ils apprennent à distinguer les faits des différentes facettes de la fiction: prendre ses désirs pour des réalités, dire ce que nous croyons que les autres veulent entendre ou y aller de pures inventions plutôt que de s'en tenir aux faits.

Les enfants qui ont de la difficulté à relater un événement en toute honnêteté craignent généralement les conséquences de leur franchise et ils cherchent à se soustraire, ou à soustraire les autres, au blâme et aux punitions. Nous pouvons leur faciliter les choses en créant un environnement où ils sont félicités pour avoir fait preuve de franchise, même lorsqu'ils ont commis un acte répréhensible. L'équilibre est fragile ici. D'une part, nous devons aider nos enfants à assumer la responsabilité de leur mauvaise conduite et à en accepter les conséquences. Nous ne voulons pas qu'ils croient que, peu importe ce qu'ils font, il leur suffit de dire la vérité pour que tout soit oublié. D'autre part, nous voulons éviter qu'ils aient si peur de notre réaction s'ils disent la vérité qu'ils soient tentés de mentir.

L'une des façons de leur venir en aide à cet égard consiste à mettre l'emphase sur ce qui s'est passé au lieu de chercher un coupable.

« Comment se fait-il que cette raquette de tennis ait été laissée sur le balcon hier soir ? » demande une mère à ses filles de neuf et onze ans. Les deux sœurs échangent un regard nerveux en s'apercevant qu'elles vont peut-être avoir des ennuis.

« Eh bien, commence la plus jeune, je l'ai prise avec mon sac à dos et plein d'autres choses en descendant de la voiture. Je suppose que je l'ai déposée sur le balcon pour pouvoir ouvrir la porte. »

Sa sœur renchérit : « Je lui ai dit que je la rentrerais, puis j'ai oublié. »

À la suite de cette explication, leur mère leur rappelle d'un ton grave : « Assurez-vous de la rentrer la prochaine fois. Une raquette peut devenir inutilisable si elle n'est pas à l'abri des intempéries. »

En demandant comment la raquette s'était retrouvée sur le balcon, la mère des fillettes a obtenu plus d'information que si elle avait demandé qui l'avait laissée là. Si elle avait tenté de trouver une coupable, les filles auraient été portées à s'accuser mutuellement. De cette manière, elles ont répondu à leur mère avec franchise, chacune rapportant sa version des faits, et leur mère les a tenues toutes deux responsables de ce malencontreux oubli.

Rien que la vérité

Avant d'apprendre que c'est mal, tous les enfants mentent un jour ou l'autre. Aussi, comme parents, nous devons nous efforcer de bien gérer la situation lorsque cela se produit. C'est une question délicate. Nous devons mettre nos enfants devant le fait sans les affoler, et nous devons nous y prendre de façon à ce qu'ils comprennent que nous sommes de leur côté. Il ne faut jamais tenter délibérément de leur tendre un piège ou de les placer dans une situation qui les pousserait à mentir. Cependant, quand nous les surprenons à mentir, nous devons être prêts à prendre position et nous assurer que nos enfants comprennent à quel point il est essentiel de faire preuve de franchise.

La petite Angélique, qui a quatre ans, et sa mère préparent des biscuits pour la prématernelle. Un peu plus tard, alors que sa mère est assise à son bureau, Angélique accourt pour dire quelque chose à sa mère. Celle-ci aperçoit des miettes de biscuits et des traces de chocolat aux coins de sa bouche.

« Angélique, je remarque que tu as des miettes de biscuits sur le visage. Est-ce que tu en aurais pris un sur la plaque à biscuits, par hasard ? »

La petite fille secoue la tête : « Non, maman », répond-elle en écarquillant les yeux.

La mère d'Angélique se rend compte qu'elle s'engage dans une conversation délicate.

« Reprenons depuis le début, dit-elle doucement. S'il te plaît, dis-moi la vérité. As-tu mangé l'un des biscuits qu'on a faits ? C'est correct que tu en aies pris un, mais je dois le savoir. »

« Bien... peut-être juste un tout petit », avoue Angélique en se léchant les doigts.

« Rien qu'un ? »

« Non, deux. »

« Tu dis bien la vérité cette fois ? » demande la mère. La fillette acquiesce fièrement, remuant ses boucles blondes. « Je suis contente que tu aies été honnête, Angélique. C'est important de dire la vérité. »

« D'accord, dit la fillette. Mais est-ce que je peux avoir un autre biscuit ? »

« Pas maintenant, répond sa mère. Premièrement, il est presque l'heure de souper et, deuxièmement, nous voulons qu'il en reste assez pour tous tes amis de la prématernelle. Voilà pourquoi j'aimerais que tu me demandes la permission la prochaine fois avant de manger un biscuit. Comme ça, on pourra en discuter, d'accord?»

«D'accord, répond Angélique. Je peux aller jouer, maintenant?»

Au cours de cet incident, la mère d'Angélique a transmis une leçon importante à sa fille et elle l'a aidée à comprendre qu'il est primordial qu'elle dise la vérité, et ce, même lorsqu'elle craint que sa mère ne la désapprouve. De plus, elle a démontré que la vérité compte suffisamment à ses yeux pour qu'elle interrompe ses activités et qu'elle discute avec sa fille jusqu'à ce qu'elles soient allées au fond des choses. Enfin, elle a expliqué à Angélique pourquoi elle ne veut pas qu'elle mange de biscuits et pourquoi il vaudrait mieux qu'elle demande la permission à l'avenir.

La mère d'Angélique aurait pu être tentée de passer l'éponge; après tout, elle était occupée et il ne s'agit pas d'une infraction bien grave. Toutefois, elle aurait perdu une occasion en or de faire savoir à sa fille que la franchise lui importe beaucoup. D'autres parents auraient peut-être puni Angélique sévèrement pour avoir menti et goûté les biscuits; mais de cette manière, ils ne l'auraient probablement qu'incitée à mieux mentir ou à devenir experte dans l'art de manger des biscuits en cachette. Le principe de l'authenticité entre parent et enfant est d'une importance capitale et doit être traité comme tel. Nous devons faire en sorte que nos enfants apprennent à être francs parce qu'ils respectent nos valeurs et qu'ils veulent nous faire plaisir, et non parce qu'ils nous redoutent.

Fabulation ou mensonge?

Lorsque nous enseignons à nos enfants l'importance de la franchise, nous nous heurtons à un autre obstacle: comment différencier la fabulation du mensonge? Les tout-petits ont une imagination merveilleusement fertile et loin de nous l'intention de vouloir y mettre un frein. En leur expliquant ce qu'est la franchise, il ne faut pas manquer de parler à nos enfants du plaisir d'inventer et de raconter des histoires, et de les encourager à partager le fruit de leur imagination avec leur entourage.

La mère d'Anthony, un petit garçon de deux ans, est dans tous ses états. Elle est en retard à un rendez-vous et elle ne trouve plus ses clés. «Je ne comprends pas! dit-elle. Elles étaient là il y a quelques minutes à peine. Où peuvent-elles bien être?»

«Je crois que le monstre les a prises», dit Anthony d'un ton grave.

«Hum... Le monstre..., répète sa mère. Et est-ce que tu saurais, par hasard, où le monstre a caché les clés?»

«Dans le coffre à jouets!» s'exclame le bambin joyeusement.

La mère d'Anthony fouille dans le coffre à jouets et en retire les clés. «Est-ce que tu es en train de me raconter une histoire? Je crois que si! Et je pense que c'est *toi*, le monstre!» Anthony glousse de plaisir tandis que sa mère le chatouille.

«Monstre», dit-elle en prenant note mentalement de ne plus laisser les clés à la portée de son fils, «on ne doit pas jouer avec les clés de voiture. Si on les perd, on ne peut plus la faire démarrer. S'il te plaît, ne les prends plus.»

Compte tenu de la situation et de l'âge d'Anthony, sa mère a fait le nécessaire pour qu'il saisisse la différence entre la réalité et la fiction. La façon dont elle s'y est prise a également permis au garçonnet de comprendre qu'il peut être amusant d'inventer des histoires, surtout quand tout le monde sait que «ce n'est qu'une histoire».

À la maison, nous pouvons créer un milieu où il existe une distinction entre la réalité et la fabulation, mais où les histoires sont quand même appréciées. Nous pouvons également aider nos enfants à comprendre graduellement les notions de réalité et de fiction, ce qui leur procurera un soutien le jour où ils découvriront la réalité qui se cache derrière des personnages bien-aimés, comme le père Noël et la fée des dents. Certains parents n'auront jamais à annoncer: «Le père Noël n'existe pas.» À mesure que leurs enfants grandiront et poseront inévitablement des questions sur la véracité de l'histoire, ils pourront être amenés, petit à petit, à prendre conscience que le père Noël est un être mythique, tout en continuant d'apprécier le mystère qui l'entoure.

Xavier, âgé de sept ans, roule en voiture en compagnie de ses parents pour aller faire des emplettes de Noël. Soudain, s'élève de la banquette arrière la question que les parents de Xavier redoutent tant : « Est-ce que le père Noël existe ? demande le garçon. La mère de Victor dit que le père Noël vit au pôle Nord. Le père d'Éva prétend qu'il incarne l'esprit de partage. La grande sœur de Kim dit qu'il n'est qu'un personnage imaginaire. Alors, il existe ou pas ? »

La mère de Xavier prend une grande respiration et répond prudemment : « Tu sais, Xavier, il y a beaucoup, beaucoup de choses dans le monde que nous n'arrivons pas à comprendre tout à fait. Laissons l'histoire du père Noël demeurer un merveilleux mystère. »

Xavier se laisse aller contre l'appuie-tête et sourit. Pour l'instant, cette réponse le satisfait. Il veut croire au père Noël et on le lui permet. Par ailleurs, l'explication de sa mère respecte la maturité croissante qui l'a poussé à poser la question en premier lieu, tout en permettant une évolution de sa perception du père Noël. En grandissant, Xavier appréciera le fait que sa mère ait répondu franchement, quoique évasivement, à ses questions, l'invitant subtilement à reconsidérer la question de l'existence du père Noël.

Les pieux mensonges

Certaines choses sont faciles à caractériser comme étant vraies ou fausses, et d'autres non.

À mesure que les enfants commencent à participer à des activités à l'extérieur du foyer, ils constatent rapidement qu'il existe de nombreux points de vue et que, dans une situation donnée, chacun d'eux est essentiel à notre compréhension totale des événements.

Françoise, une fillette de sept ans, est en colère contre sa mère. « Tu as menti, dit-elle. Dimanche, tu as déclaré que le dîner de tante Pauline était délicieux, mais tu viens de dire à papa qu'elle cuisine très mal. »

« Tu as raison, approuve sa mère. Je ne lui ai pas dit ce que je pensais réellement du repas parce que je ne voulais pas la blesser. J'ai jugé qu'il valait mieux être aimable que d'être tout à fait honnête. »

« Oh », fait Françoise. Après quelques minutes de réflexion, elle demande : « Alors, est-ce que ça signifie que je n'ai pas besoin d'être toujours honnête ? » Elle cherche à comprendre quelles sont les règles.

Sa mère lui accorde toute son attention. « Je veux que tu sois honnête, répond-elle avec précaution. Cependant, il y a certaines situations où il est plus important de faire preuve de gentillesse. Lorsque l'on ment pour éviter de faire de la peine à quelqu'un, on dit que c'est un pieux mensonge. Il s'agit bel et bien d'un mensonge, mais dans certains cas, il est excusable. »

Françoise, qui écoute très attentivement, est visiblement déconcertée.

« Imagine par exemple que ton amie Anouk vienne te montrer sa nouvelle robe et que tu ne l'aimes pas du tout à cause de sa couleur horrible, continue sa mère. Est-ce que tu lui dirais la vérité ? »

Au bout d'un moment, la fillette répond : « Elle ne serait pas contente. »

« Alors, qu'est-ce que tu pourrais lui dire pour qu'elle le soit ? »

« Euh… que sa robe est pas mal ? » Françoise ne paraît pas très satisfaite de sa réponse.

« Peut-être. »

« Je sais ! Je pourrais lui parler de ce qui me plaît à propos de sa robe ! » déclare Françoise avec enthousiasme.

« Oui, c'est ça, dit sa mère. Tu pourrais trouver quelque chose de gentil à dire sur sa tenue ou encore lui demander où elle l'a achetée, par exemple. L'important, c'est que ton amie puisse se réjouir de quelque chose qui compte à ses yeux. Et tu sais, ajoute-t-elle, il faut se rappeler que ce n'est pas tout le monde qui aime les mêmes couleurs. Une teinte dont tu ne raffoles pas peut être la préférée de ta copine. » Françoise apprend non seulement qu'il est important de se montrer gentil, mais également qu'il existe de nombreuses façons de concevoir le monde et qu'elles sont toutes valables.

Bien sûr, cette question n'aurait pas été soulevée si la mère de Françoise avait pris soin d'éviter de donner son opinion sur les talents culinaires de sa sœur devant sa fille. Le proverbe qui dit : *La parole est d'argent et le silence est d'or* a peut-être rendu certaines personnes réticentes à exprimer ce qu'elles pensaient ouvertement, mais il est empreint de sagesse. Chose certaine, si nous nous permettons de laisser libre cours à nos sentiments, même ceux qui peuvent bouleverser nos enfants, nous devons être prêts à discuter avec eux de leurs inquiétudes, comme l'a fait la mère de Françoise.

L'honnêteté paie

Nos enfants apprennent l'honnêteté par l'exemple que nous leur donnons. Ils observent comment nous gérons les innombrables situations qui se présentent à nous et, lorsqu'ils sont jeunes, du moins, ils présument que notre façon de faire est la bonne.

Élianne, qui a neuf ans, et son père quittent le restaurant après y avoir pris leur lunch. Une fois dans le parc de stationnement, le père d'Élianne fixe la monnaie que la caissière lui a rendue et constate que cette dernière a commis une erreur en sa faveur.

« Un instant, Élianne. Il y a quelque chose qui ne va pas. »

Il tend la main pour mieux lui faire voir la monnaie. « La caissière m'a remis trop d'argent. »

Le père et la fille refont le calcul et découvrent qu'on leur a rendu environ cinq dollars de trop.

« Rentrons éclaircir tout ça », dit le père.

Élianne le suit sans grand enthousiasme puisqu'elle imaginait déjà comment dépenser les cinq dollars en surplus, mais elle sait que son père a raison. La caissière se montre très reconnaissante et leur explique qu'elle aurait dû fournir la somme manquante de sa propre poche à la fin de la journée. Témoin de la conversation, le gérant remet au père d'Élianne un bon de réduction à présenter lors de sa prochaine visite. Lorsqu'ils ressortent du restaurant, Élianne et son père sont tous les deux heureux.

«Qu'est-ce que tu dis de ça, Élianne? dit son père. Est-ce qu'on a bien fait de rendre l'argent?»

«Je dirais que l'honnêteté paie.»

«On se sent bien lorsqu'on agit selon notre conscience, même quand on n'est pas récompensé, dit le père d'Élianne. Mais très souvent, le fait de dire la vérité entraîne des conséquences agréables qu'on n'avait pas prévues.»

À cœur ouvert

Il y a des situations où la franchise totale n'est pas appropriée. Dans certains cas, il importe de prendre en considération l'âge et la maturité de l'enfant. Pour la plupart, nous faisons l'erreur de sous-estimer la capacité de comprendre de nos enfants; cela dit, il se trouve toujours dans mes cours un parent qui se lance dans une explication scientifique compliquée en réponse à la question de son enfant qui veut savoir d'où viennent les bébés, ne parvenant souvent qu'à le rendre encore plus perplexe.

La sexualité et la mort sont les sujets les plus difficiles à aborder avec nos enfants. La majorité d'entre nous sommes mal à l'aise d'en discuter, même avec d'autres adultes. Cela représente un véritable défi que d'expliquer ces réalités à nos enfants. Nous devons évaluer leur capacité à comprendre les concepts amenés et prévoir leur réaction à ce que nous choisissons de leur dire. Si nous leur en apprenons trop sur la sexualité à un trop jeune âge, nous risquons de les encombrer de détails compliqués et déroutants. Le concept de la mort, quant à lui, peut les effrayer et affecter leur sentiment de sécurité.

Nous devons nous rappeler que nos enfants, avec ce qu'ils voient et entendent chaque jour, en connaissent généralement beaucoup plus long sur ces sujets que nous l'imaginons, bien que l'information qu'ils glanent et que les hypothèses qu'ils font soient parfois tout à fait inexactes. Lorsque ces sujets sont abordés, c'est une bonne idée de commencer la conversation en demandant à nos enfants ce qu'ils savent déjà. De cette manière, nous pouvons nous placer à leur niveau et écarter certaines idées fausses. Nous pouvons ensuite, en toute franchise, leur donner les explications appropriées selon leur âge. Pour ce faire, il peut parfois être utile d'avoir recours à des ressources matérielles. Il existe un grand nombre de très beaux livres illustrés pour les tout-petits et leurs parents, conçus pour les aider à discuter de sujets délicats comme la sexualité et la mort.

Lorsque nous sous-estimons la faculté de comprendre de nos enfants et que nous essayons de leur cacher la vérité, ces derniers remarquent la contradiction entre ce qu'ils comprennent déjà et nos explications. Cela peut troubler certains enfants, les faire douter d'eux-mêmes et entraîner un sentiment de culpabilité. Nos enfants sont portés à nous croire; ainsi, quand il y a divergence, ils peuvent présumer qu'ils se sont trompés, qu'ils ont eu de mauvaises pensées et se demander: «Comment ai-je pu imaginer une telle chose? C'est terrible, ce que j'ai fait!» Nous ne voulons pas placer nos enfants dans une situation où ils auront à découvrir eux-mêmes la vérité pour s'apercevoir en fin de compte que c'est nous qui les avons mal informés ou induits en erreur.

Deux des principales préoccupations de l'adolescence sont la quête de la vérité et la recherche d'une identité indépendante de celle de maman, de papa et de la famille. Le processus qui les amène à comprendre les transformations de leur corps et à acquérir un sens de l'individualité et un caractère unique représente, pour nos adolescents, un défi aussi grand et une expérience aussi intense que les efforts qu'ils ont faits, lorsqu'ils n'étaient encore que des bébés, pour tendre les bras et saisir un jouet devant eux. L'adolescent aussi tend les bras, cherchant à se raccrocher à l'abstrait, à comprendre l'ineffable signification du moi et de l'autre, à déterminer ce que seront ses propres principes et à enraciner tout cela dans la réalité.

Leur corps nouvellement transformé modèle également leur pensée et leurs sentiments. Malheureusement, lorsque nos enfants ne se sentent pas assez à l'aise pour nous poser les questions qui les tracassent, ils se tournent parfois vers leurs amis qui, dans certains cas, sont encore plus désorientés qu'eux. Puis, quand une pluie de renseignements vient s'abattre sur eux, ils s'efforcent d'y comprendre quelque chose. Durant cette période difficile, nos adolescents ne viennent plus s'asseoir sur nos genoux pour y être réconfortés. Pourtant, cela ne veut pas dire qu'ils n'ont plus besoin de nous. Aussi distants qu'ils paraissent ou aussi brusques que soient leurs rebuffades lorsque nous tentons de les approcher, soyez assurés qu'ils ont plus que jamais besoin de notre présence.

La relation parent-enfant est mise à rude épreuve durant cette période cruciale qu'est l'adolescence. Nous devons créer une nouvelle intimité avec nos adolescents, car ils veulent se sentir près de nous et savoir que nous sommes de leur côté. Ils ont besoin de savoir qu'ils peuvent en tout temps nous faire part de ce qu'ils ressentent et que nous écouterons leurs confidences, que nous comprendrons leurs quêtes et que nous les aiderons à développer une vision plus large ou nouvelle, ou que nous envisagerons d'autres possibilités avec eux. Ils doivent aussi savoir que nous répondrons de notre mieux à leurs questions sur la sexualité, les transformations de leur corps, leurs sentiments et leurs désirs les plus intenses. Comment s'assurer de leur confiance au milieu de tout cela ? En étant honnêtes et francs avec eux.

Autant que possible, il importe de mettre de côté toute émotion, tout embarras ou toute gêne. Vous devez communiquer à vos enfants l'information dont ils auront besoin pour vivre et fonctionner dans la société. Tout comme vous les préparez pour leur première journée à la maternelle, à l'école primaire puis à l'école secondaire, vous devez les préparer aux réalités de la vie adulte. Le monde d'aujourd'hui peut être dangereux. Les enfants sont exposés aux drogues et à l'alcool au secondaire et même avant, ils sont sexuellement actifs de plus en plus jeunes et ils sont vulnérables à une foule de maladies sexuellement transmissibles, y compris les maladies transmissibles sexuellement, dont la menace est au premier plan de nos préoccupations.

Je suggère aux parents avec qui je travaille de se réserver du temps ensemble, sans les enfants, pour parler de leur propre adolescence et essayer de se rappeler ce que leurs parents leur ont dit ou ne leur ont pas dit. À quel point leurs parents étaient-ils honnêtes et ouverts? Y a-t-il quelque chose qu'ils attendaient d'eux et qu'ils n'ont pas reçu? Quelle influence cela a-t-il eu sur leur adolescence? Leurs parents auraient-ils pu être plus directs? Dans quelle mesure l'information recueillie provenait-elle d'autres adolescents? Dans quelle proportion était-elle exacte? Avaient-ils été informés, par leurs parents ou par d'autres, de l'essentiel concernant les menstruations, les pollutions nocturnes, les érections, la masturbation, l'orgasme, la grossesse et la contraception? La plupart des parents qui s'adonnent à cet exercice apprennent des choses significatives l'un sur l'autre et redécouvrent des anecdotes amusantes à raconter à leurs adolescents.

Si vous ne connaissez pas la réponse à une question que vous pose votre enfant, dites-le-lui et renseignez-vous en fouillant les meilleurs ouvrages, les brochures et les articles que vous aurez dénichés. C'est à vous d'aller de l'avant avec toute l'honnêteté et la franchise dont vous êtes capables et de fournir à vos adolescents l'information dont ils ont besoin. Bien entendu, ce que vous pouvez offrir de plus précieux à vos enfants demeure la chaleur et la compréhension, une relation étroite et affectueuse de même que la certitude que vous serez toujours là pour eux. Ensuite, il ne vous reste plus qu'à essayer de relaxer et à espérer qu'ils feront les bons choix.

Agir en son âme et conscience

Le fait d'élever nos enfants dans l'honnêteté et l'authenticité leur sera profitable de plusieurs façons. Ils comprendront la valeur de l'intégrité et de la confiance dans leurs relations avec leurs collègues, leurs amis et leur famille. Ils auront le courage de se regarder et d'évaluer les situations avec honnêteté, en plus d'aborder franchement leur rôle et de s'acquitter de leurs responsabilités pour agir de manière constructive. Plus important encore, peut-être, ils éprouveront le sentiment réconfortant d'être honnêtes avec eux-mêmes. La tranquillité d'esprit qui accompagne ce sentiment a beaucoup de prix.

Si un enfant vit dans l'équité, il apprend à être juste

Les enfants ont tendance à considérer la notion d'équité de façon très pragmatique. À leurs yeux, «juste» signifie «bien» et «injuste» veut dire «mal». Ils sont habitués aux jeux où des règles claires définissent ce qui est juste et ils s'attendent à ce que tous se conforment au même ensemble de règles. Bien sûr, ça ne se passe pas comme ça dans la vie, quoique nous ayons tous souhaité par moments qu'il existe un règlement auquel tout le monde ferait honneur et qui nous indiquerait, une fois pour toutes, la façon de procéder la plus juste.

Nous, les adultes, avons l'habitude des hauts et des bas et du fait que les choses ne se passent pas toujours comme nous l'aurions voulu. Nos enfants, en revanche, n'ont pas encore admis cette réalité. Ils continuent de croire que la vie devrait être juste et ils sont frustrés quand elle ne l'est pas. Lorsque Marion, âgée de sept ans, se plaint à sa mère que le jeu de ballon du voisin n'est pas juste, celle-ci pourrait être tentée de répondre d'un ton désinvolte : «La vie est injuste.» Pourtant, une telle réaction n'encouragerait pas Marion à exprimer ce qu'elle ressent. Elle a besoin d'expliquer pourquoi elle a l'impression que le jeu était injuste et ce à quoi elle s'attendait au départ. Si la mère de Marion aborde ces questions avec sa fille et qu'elle écoute ses plaintes avec attention et patience, elle pourra peu à peu donner un ton plus positif à la discussion en lui demandant : «Comment aurais-tu voulu que ça se passe?» et «Qu'est-ce que vous pourriez faire pour que le jeu plaise à tout le monde la prochaine fois?» En se concentrant sur ce qui pourrait être fait autrement à l'avenir, Marion verra sa déception contrebalancée par l'espoir que sa prochaine expérience au ballon soit plus agréable.

De telles conversations peuvent aussi contribuer à relâcher la tension quand il y a des désaccords au sein d'une famille sur ce qui est juste. Une discussion franche permet à tous les membres de la famille d'exprimer leur point de vue et d'envisager une façon différente de procéder la prochaine fois. Malheureusement, aussi grands soient nos efforts pour nous montrer justes, il n'est pas toujours possible de satisfaire tout le monde.

Comme parents, nous aimons croire que notre conception de l'équité est juste ; cependant, nous devons nous rappeler que chaque membre d'une famille verra les choses différemment et que la justice est souvent perçue différemment par chacun. L'important, c'est que nos enfants comprennent que notre *intention* est d'être justes et qu'ils sachent que nous sommes prêts à écouter leurs idées et leurs préoccupations. Prendre le temps d'écouter nos enfants jusqu'au bout, les aider à mettre de l'ordre dans leurs sentiments et les encourager à mettre leurs meilleures idées en pratique constituent de bons moyens de leur montrer que nous nous soucions de l'équité au quotidien.

L'équité dans la famille

Chaque fois que j'entends un parent déclarer : « Je traite tous mes enfants de la même façon », je sais que ça ne peut pas être vrai. Ce n'est tout simplement pas humainement possible. Et même si ça l'était, ce ne serait pas nécessairement souhaitable. Nos enfants ont besoin que nous concentrions notre attention spécifiquement sur leurs propres forces et leurs propres faiblesses. Ce qui est juste pour un enfant, dans une famille, peut être injuste pour son frère ou sa sœur. Des âges, des personnalités, des situations et des besoins différents commandent tous des approches différentes.

Malgré nos efforts pour traiter nos enfants avec équité, la rivalité entre frères et sœurs existe bel et bien dans la majorité des familles. On pourrait penser que ce sont les jouets, les privilèges spéciaux, la nourriture ou l'argent qui déclenchent la plupart des disputes, mais c'est souvent le favoritisme que croient percevoir les enfants qui est la cause sous-jacente du problème. Ces derniers sont très sensibles à la façon dont les parents partagent leur énergie, leur temps, leur intérêt et leur attention entre leurs enfants. Ce que chaque enfant souhaite, au fond, c'est de se sentir aussi important et aimé que les autres.

Lorsque les enfants se plaignent de favoritisme, il peut se révéler judicieux de prendre le temps d'examiner nos sentiments profonds de même que le message que nous transmettons peut-être par notre attitude. C'est inévitable : la compétition surviendra et les enfants seront comparés. Cela dit, nous devons nous assurer que nous n'entretenons pas, sans le vouloir, une atmosphère de rivalité dans la maison. Quelquefois, de simples stratégies pour encourager nos enfants à accomplir des tâches provoquent des effets auxquels nous n'avions pas songé. Par exemple, nous risquons de susciter les querelles en poussant nos enfants à concurrencer pour finir leurs tâches ou leurs devoirs en premier. Gagner, perdre, arriver premier ou dernier : ces réalités relèvent du domaine athlétique et non de la famille. Nous voulons que nos enfants évaluent leurs propres conduites et aptitudes et qu'ils se comparent à eux-mêmes, et non à leurs frères et sœurs.

Une des façons de neutraliser les sentiments de favoritisme consiste à passer du temps avec chaque enfant individuellement. Je connais un couple qui a trois fils de quatre, six et huit ans. À tour de rôle, chaque parent invite un des garçons au restaurant, pour déjeuner à la crêperie, par exemple, ou pour un simple casse-croûte. Cela leur permet de passer du temps ensemble et de bavarder sans les distractions et l'esprit de compétition qui vont de pair avec la table familiale. Ainsi, le parent s'informe de ce qui se passe dans la vie de l'enfant, à l'école, dans le quartier, à la maison avec ses frères, et l'enfant a le privilège d'être seul avec son père ou sa mère pour une heure ou deux. De telles conversations, loin de l'agitation et de la confusion de la maison, sont particulièrement importantes parce qu'elles préparent le terrain à la tumultueuse adolescence au cours de laquelle nous espérons maintenir une bonne communication avec nos enfants. De plus, elles envoient un message très clair à chaque enfant: «Tu comptes pour nous et nous nous soucions de ce que tu ressens.» Il n'est pas nécessaire de prendre les repas au restaurant, mais il est préférable que la rencontre ait lieu à l'extérieur de la maison. En fait, le repas peut être remplacé par une sortie spéciale propice à l'échange: une randonnée en forêt, une visite au musée, une promenade en bateau. L'essentiel, c'est que l'enfant sente qu'il a toute notre attention.

Le pouvoir de changer les choses

Pour apprendre à nos enfants qu'ils peuvent dire franchement ce qu'ils pensent lorsqu'ils considèrent qu'il y a injustice, que ce soit à l'école, dans le voisinage ou, plus tard, au travail, nous devons d'abord les laisser exprimer leurs sentiments. Si nous respectons leurs protestations quand ils s'élèvent contre ce qui leur semble injuste dans la famille, ils retiendront qu'ils peuvent contribuer à changer les choses pour le mieux.

Un soir, après le souper, Yannick, qui a neuf ans, s'adresse à ses parents: «Vous me traitez comme un bébé, dit-il. Mes amis, eux, se couchent à l'heure qu'ils veulent.»

«À l'heure qu'ils veulent?» demande son père qui lève les yeux de sa lecture et lui jette un coup d'œil par-dessus ses lunettes.

«Plus tard que moi, en tout cas», dit Yannick.

«Qui est-ce que je dois chatouiller tous les matins pour le réveiller?» demande sa mère.

«Moi», reconnaît le garçon.

«Il semble que tu as besoin de toutes ces heures de sommeil», fait remarquer son père.

«Et les week-ends?» demande Yannick.

«Eh bien, la situation est un peu différente durant le week-end. Nous pouvons déterminer une heure de coucher pour ces jours-là, si tu veux, propose sa mère. À quelle heure crois-tu que tu devrais te coucher les vendredis et samedis?»

En utilisant le mot «devrais», la mère de Yannick encourage son fils à faire preuve de jugement et non à lui dire simplement ce qu'il voudrait. Cela hausse le niveau de la négociation et incite

Yannick à se montrer responsable en décidant des changements qu'il souhaite.

« Je suppose que j'ai quand même besoin d'au moins huit heures de sommeil, ce qui signifie que… » Yannick calcule la nouvelle heure à laquelle il devrait se coucher.

« D'accord, dit son père. Essayons. »

« Super ! » dit Yannick. Il est fier de lui, car il a changé pour le mieux une situation qui lui semblait injuste.

Lorsque nos enfants croient qu'une de nos règles n'est pas juste, il est primordial que nous les autorisions, et que nous les encouragions même, à la mettre en doute. Si nous ne prenons pas leurs sentiments au sérieux et si nous ne respectons pas leur droit de s'exprimer ouvertement, nos enfants pourraient finir par adopter une attitude de soumission tout en nourrissant du ressentiment envers nous. Cela porterait atteinte à notre relation avec eux et creuserait un fossé entre nous. Il vaut mieux nous montrer quelque peu flexibles à propos des règles qui existent dans notre famille et encourager nos enfants à se faire entendre lorsqu'ils croient faire face à une injustice. De cette manière, ils conserveront une attitude positive à l'égard de la résolution des conflits dans la famille et ils développeront une mentalité qui les poussera à se faire défenseurs de la justice dans diverses situations.

Magali, qui est en quatrième année, rentre de l'école les larmes aux yeux. « Mon enseignante ne me choisit jamais pour répondre, gémit-elle. Je connais la réponse et je lève la main, mais elle m'ignore. »

La mère de Magali l'écoute avec attention. « Qui ton enseignante a-t-elle l'habitude de choisir ? »

« Elle donne la parole aux garçons et ils ne savent jamais la réponse », dit Magali d'un air boudeur.

« Est-ce qu'elle invite les autres filles à répondre ? » demande sa mère.

« Pas souvent. » Magali réfléchit un instant et son visage s'éclaire. « Il n'y a pas que moi qu'elle ignore. En fait, elle ignore toutes les filles. »

«Ça me paraît injuste, dit sa mère. Qu'est-ce que tu crois qu'on pourrait faire pour arranger la situation?»

«Tu pourrais lui écrire un mot», propose Magali

«Tu as raison. D'autres suggestions?»

«Tu pourrais venir la rencontrer et en discuter avec elle», ajoute la fillette.

«J'aime bien cette idée, dit sa mère. Ensuite, nous pourrions en parler toutes les trois. Qu'en dis-tu?»

Non seulement la mère de Magali se porte à la défense de sa fille, mais elle lui enseigne également qu'elle aussi peut agir pour changer une situation qui lui semble injuste. Avec l'aide de sa mère, Magali apprend à faire le nécessaire pour être entendue.

Agir afin de rétablir la justice

Immanquablement, nos enfants seront témoins ou victimes d'injustices au cours de leur vie. Parfois, ils seront victimes d'un entraîneur ou d'un enseignant qui fera preuve de favoritisme ou encore d'autres enfants qui se montreront cruels à leur égard. Dans certaines circonstances, ils seront appelés à se porter à la défense d'autres personnes qui ne sont pas traitées équitablement. S'ils ont eu l'occasion de s'élever contre une injustice auparavant, dans leur foyer, par exemple, et que leurs démarches ont été couronnées de succès, il est probable qu'ils n'hésiteront pas à se défendre ou à défendre les autres lorsque surviendra un problème à l'extérieur de la maison.

En arrivant à l'école, Hugues, qui a dix ans, remarque que quelques garçons qui sont dans sa classe ont encerclé un élève dans un coin du parc de stationnement. À mesure qu'il s'approche, il constate que le groupe harcèle le garçon, peut-être parce que celui-ci est d'un milieu socioculturel différent.

Hugues est nerveux et il se demande ce qu'il doit faire. Sans trop réfléchir, il marche vers les garçons et s'adresse à celui qui est encerclé. «Viens, Sam. Les cours vont bientôt commencer.» Tous les autres se tournent vers lui, l'air surpris; Sam, qui voit une occasion de leur échapper, suit Hugues en direction de l'école.

Hugues s'est montré courageux en agissant comme il l'a fait. Ça prend toujours du courage pour affronter un groupe quand on est seul, même lorsqu'on le fait aussi discrètement que Hugues. Cela aurait été beaucoup plus facile pour lui de faire comme s'il n'avait rien vu ou d'espérer qu'un enseignant intervienne. Ses parents n'entendront peut-être jamais parler de cet incident ni du geste de leur fils. Bon nombre d'enfants ne disent pas tout à leurs parents sur ce qu'ils vivent à l'extérieur du foyer. Si les parents de Hugues savaient ce qui s'est passé, ils seraient fiers d'avoir élevé un enfant qui a le sens de la justice, qui croit que tout le monde a le droit d'être traité équitablement et qui n'hésite pas à risquer sa tranquillité d'esprit pour aider quelqu'un qui a des ennuis.

Il arrive que les enfants doivent faire face à l'injustice sur une plus grande échelle et qu'ils ne puissent pas intervenir seuls. Un soir, une adolescente de treize ans prénommée Stella regarde un magazine d'information télévisé avec ses parents. L'un des segments de l'émission porte sur les conditions de vie des cueilleurs de fruits immigrants et sur le mal qu'ils ont à gagner suffisamment d'argent pour commencer une nouvelle vie. Stella est profondément bouleversée par ce qu'elle voit. Elle se tourne vers ses parents et dit: «Ce n'est pas juste. Comment peuvent-ils vivre comme ça? Les agriculteurs devraient leur construire de meilleurs endroits où habiter et les payer davantage. Je gagne plus cher qu'eux rien qu'en surveillant les enfants de madame Cloutier.»

Ses parents ne savent trop que dire. Au bout d'une minute, la mère de Stella dit: «C'est une situation terrible, ma chérie, et je crois que c'est bien que cela te préoccupe. Malheureusement, la vie est ainsi faite: il y a beaucoup d'injustice dans ce monde.»

«Mais n'y a-t-il pas quelqu'un qui puisse faire quelque chose? insiste Stella. Le gouvernement ne peut-il pas dire à ces agriculteurs de traiter leurs employés plus équitablement?»

«C'est une idée intéressante, dit sa mère. Peut-être qu'une loi viendra arranger les choses. Mais en attendant, crois-tu qu'il y a quoi que ce soit que l'on puisse faire pour améliorer le sort de ces gens?»

«Je ne sais pas. Ça se passe si loin d'ici. Peut-être qu'on pourrait leur envoyer de l'argent?» propose Stella.

«Il existe peut-être une organisation qui leur vient en aide, déclare son père. Tu sais, un peu comme il y a des refuges pour les sans-abri, des soupes populaires pour ceux qui ne mangent pas à leur faim et la Croix-Rouge pour les sinistrés. Peut-être qu'il y a une association qui s'occupe des travailleurs immigrants. Nous devrions consulter le site Internet de l'émission : on y trouvera peut-être plus de détails.»

«Bonne idée, approuve la mère de Stella. Si une telle organisation existe et si elle semble faire du bon travail, serais-tu intéressée à leur remettre un peu d'argent, Stella?»

«Tu veux dire *mon* argent?» demande cette dernière.

«Eh bien, oui, dit sa mère. Et si tu fais un don, j'offrirai le même montant que toi. Mieux encore, je doublerai la somme.»

Stella a l'air songeuse.

«Ma chérie, commence son père doucement, il faut généralement faire des sacrifices si l'on veut réparer des injustices dans ce monde.»

Quoiqu'un peu réticente, Stella annonce : «Je suppose que je pourrais envoyer mon argent de poche de la semaine.»

«Très bien. Allons dans Internet et voyons ce que nous pouvons trouver», dit son père en se levant.

«Je suis fière que tu veuilles aider ces gens, Stella», dit sa mère en posant une main sur son épaule.

Grâce au soutien de ses parents, Stella a le pouvoir d'agir afin de tenter de corriger une situation injuste, même si c'est de façon bien modeste. Au lieu de se sentir impuissante devant un problème de société, elle essaie de changer les choses.

Un idéal de justice

La justice est un vaste sujet, l'un des plus vastes, en fait. Il n'en demeure pas moins que c'est par des gestes tout simples que nous inculquons le sens de la justice à nos enfants. Si nous respectons leur désir d'être traités équitablement, ils sauront à leur tour témoigner aux autres ce même type de respect. L'écart paraît immense entre la question de leurs droits à la maison et celle des droits des gens à travers le monde. Toutefois, avec notre aide, nos enfants pourront constater que l'avènement d'un monde où régnerait «la justice pour tous» est un projet auquel nous pouvons tous collaborer, ce qui en fait l'un des plus grands défis de l'humanité.

Si un enfant vit dans la bonté et la considération, il apprend à respecter

On ne peut enseigner aux enfants à être respectueux. On peut leur montrer à être polis et à paraître respectueux, mais cela n'a rien à voir avec le véritable respect. Il faut donc prendre garde de confondre ces deux attitudes. Les enfants apprennent ce qu'est le respect en voyant leurs parents se traiter mutuellement et traiter les membres de leurs propres familles de façon aimable, attentionnée et respectueuse. En grandissant, ils se disent que la manière dont on les a traités est celle qu'ils doivent privilégier dans leurs rapports avec les autres.

La bonté et la considération sont la marque du respect : elles peuvent s'exprimer de milliers de façons toutes simples, jour après jour, semaine après semaine, année après année. Notre empressement à offrir notre aide à notre conjoint ou conjointe ainsi qu'à nos enfants leur apprend comment respecter les autres. Par notre exemple, nous pouvons montrer à nos enfants que respecter les autres, c'est les accepter tels qu'ils sont et reconnaître que leurs besoins sont aussi importants que les nôtres et qu'il arrive même, parfois, qu'ils doivent passer avant les nôtres. Lorsque nos enfants, à leur manière, commencent à témoigner du respect aux autres, en étant doux avec les animaux ou patients avec leurs jeunes frères et sœurs, par exemple, il ne faut pas manquer de les féliciter pour leur considération, renforçant ainsi leur comportement et les encourageant à poursuivre dans cette voie.

Ces qualités que sont la bonté et la considération mettent du temps à éclore en chacun de nous. En tant que parents, nous devons admettre qu'il y a des moments où nous ne sommes pas respectueux à l'égard de notre conjoint ou conjointe ou de nos enfants. En reconnaissant nos défauts, en nous excusant lorsque nous blessons quelqu'un et en nous efforçant d'être plus attentifs à nos paroles à l'avenir, nous contribuons à réparer les torts que nous avons pu causer et nous nous assurons des lendemains plus heureux. Cette ouverture d'esprit nous permet aussi d'enseigner à nos enfants qu'on n'a jamais fini d'apprendre à respecter les autres, quel que soit notre âge.

Traiter les autres avec considération

C'est tout à fait naturel que les très jeunes enfants soient essentiellement préoccupés par leur propre personne. Les bébés et les bambins croient qu'ils sont le centre de l'univers et que les autres sont là pour répondre à leurs besoins. Cette attitude égocentrique est normale à ce stade de leur développement. Au fur et à mesure qu'ils grandissent, les enfants prennent graduellement conscience que les autres ont des besoins aussi importants que les leurs. Par ailleurs, ce n'est que beaucoup plus tard qu'ils parviendront à trouver le juste milieu, c'est-à-dire à considérer les besoins des autres tout en ne négligeant pas les leurs.

C'est bien souvent dans des situations anodines, où l'occasion d'inciter nos enfants à la gentillesse se présente spontanément à nous, que le message que nous espérons leur transmettre passe le mieux. Il faut apprendre à tirer profit de ces moments pour encourager nos enfants à adopter une attitude prévenante envers autrui.

Récemment, j'observais au supermarché une mère et ses deux fils âgés d'environ quatre et huit ans. Ils faisaient provision de nourriture pour chats lorsqu'une femme âgée a laissé tomber son sac à main, dont le contenu s'est répandu sur le plancher. L'aîné des garçons a tout de suite interrompu ce qu'il faisait pour aider la dame à ramasser ses affaires. Le plus jeune, quant à lui, a continué à empiler les boîtes de pâtée pour chats dans le chariot jusqu'à ce que sa mère lui suggère subtilement, sans un mot pourtant, d'aller aider son frère. Elle a d'abord touché doucement son épaule pour attirer son attention et pour l'inviter à s'arrêter. Puis elle a hoché la tête en direction de la scène qui se déroulait devant eux. Dès qu'il a vu ce que son frère faisait, le jeune garçon s'est porté à son aide. De façon discrète, la mère de ce garçon a su tirer parti d'un incident banal pour lui apprendre à traiter les autres avec considération.

Il est également possible d'enseigner à nos enfants à faire preuve de gentillesse et de considération par le jeu imaginaire. Tandis que Zacharie, qui a quatre ans, et sa mère remettent un peu d'ordre dans sa chambre à l'heure du coucher, la mère du bambin prend le temps de bien border Théo, l'ours en peluche, en lui tapotant doucement la tête.

«Voilà. Je parie que Théo se sent très bien maintenant», dit-elle d'un air satisfait.

Zacharie se dirige vers l'ours et replace sa couverture. «Dors bien, Théo.»

La mère du garçonnet sait que celui-ci est très attaché à Théo. Inconsciemment, elle a peut-être choisi de gratifier «quelqu'un d'autre» de sa gentillesse et de sa considération dans l'espoir que Zacharie y soit sensible. Ce dernier est ravi que sa mère entre dans son univers de jeu et qu'elle démontre de l'intérêt pour un objet qui lui est cher. En prime, il apprend comment témoigner de l'attention et de la tendresse à un être qui en a besoin.

Nous pouvons également aider nos enfants à développer un sens profond du respect et de l'empathie en leur demandant d'imaginer les sentiments d'un autre enfant dans une situation donnée.

Claudine et Patricia, toutes deux âgées de sept ans, jouent à un jeu de société lorsque survient un différend au sujet des règles. Patricia se lève alors brusquement et rentre chez elle. De son côté, Claudine entre dans la cuisine d'un pas nonchalant et s'adresse à sa mère: «Patricia est mauvaise perdante. Elle allait perdre, alors elle est partie.»

«Qu'est-ce qui s'est passé? demande la mère de Claudine. Habituellement, elle aime bien les jeux de société.»

Claudine lui explique leur désaccord en attribuant la faute à Patricia.

«Je suis navrée que la partie se soit terminée de cette façon. Je me demande comment Patricia doit se sentir», dit sa mère d'un ton songeur.

«Quoi? Je ne sais pas», répond Claudine comme si elle ne s'était pas posé la question. Elle réfléchit pendant une minute avant d'annoncer: «Je pourrais peut-être l'appeler.»

Lorsque les deux amies se sont reparlé, elles sont parvenues à admettre que chacune d'elles avait en partie raison et en partie tort. Le fait d'en avoir discuté a détendu l'atmosphère et déjà, les fillettes sont prêtes à jouer ensemble de nouveau. Il est à souhaiter qu'elles soient également mieux disposées à communiquer de façon efficace la prochaine fois qu'il y aura mésentente.

Les commentaires sensés et tout à fait opportuns de la mère de Claudine ont permis à cette dernière de faire abstraction de son intérêt personnel et de considérer le point de vue de Patricia. L'inquiétude que sa mère a manifestée à l'endroit de Patricia a encouragé Claudine à s'enquérir de ce que pouvait éprouver son amie à la suite de leur dispute, ce qui favorise la création de liens d'amitié durables.

Cela dit, ces leçons ne vont pas de soi et il n'est pas si facile de les mettre en pratique. Par conséquent, nos enfants ont besoin de notre aide. En grandissant, s'ils ne maîtrisent pas ces habiletés essentielles au développement de relations stables, la vie sera beaucoup plus difficile pour eux qu'elle ne le devrait.

Teinter de respect nos communications

Nous témoignons également notre respect aux autres en nous montrant obligeants et attentionnés dans ce que nous leur disons, de même que dans la façon dont nous nous exprimons. «Tu vois la boîte de feutres de ton frère là-bas? Oui, celle qui est ouverte. Tu veux bien la fermer? Merci.» Cette phrase ne communique pas le même message que celle-ci: «La boîte de feutres de ton frère est ouverte. Fermons-la pour éviter que les feutres ne sèchent. Il serait tellement déçu s'ils devenaient inutilisables.»

Dans le second exemple, l'enfant reçoit un message beaucoup plus riche et complet que dans le premier et il apprend l'importance non seulement de respecter le matériel avec lequel nous travaillons, mais aussi d'être prévenant et de s'entraider.

Nous pouvons informer nos enfants de ce que nous attendons d'eux d'une manière respectueuse à la fois pour eux et pour leurs sentiments. Par exemple, si leur père doit terminer un travail à la maison un soir, c'est une bonne idée de le faire savoir aux enfants à l'avance de sorte qu'ils puissent prévoir des activités tranquilles qui permettront à leur père de bien se concentrer. Ainsi prévenus, ils l'aideront à leur manière en prenant ses besoins en considération. De plus, cette façon de procéder sera certainement beaucoup plus efficace que de crier aux enfants de se taire sans les avoir d'abord informés de la situation.

Il est également possible d'encourager nos enfants à faire preuve de gentillesse et de considération en remarquant et en saluant leur comportement attentionné. Ralph, qui a cinq ans, vient en aide à sa petite sœur en ramassant le hochet qu'elle a laissé tomber de sa chaise haute et en le lui rendant. «Merci, Ralph, dit son père. C'est très aimable de ta part d'aider ta petite sœur.» Il est très important que le père du garçonnet remarque le geste de son fils et qu'il l'en félicite. Ainsi, Ralph sait que sa conduite est appréciée et il se sent valorisé.

Le respect des biens et de l'intimité de chacun

Chacun des membres de la famille a droit au respect de ses biens de même qu'à une certaine intimité. La manière dont nous traitons ce qui nous appartient peut déteindre sur nos enfants. Ceux-ci remarquent comment nous prenons soin de nos affaires. Les tas de vêtements par terre, les outils qui traînent dans le jardin, les portes qui claquent : les enfants voient tout et ils marchent sur nos traces.

Il n'y a pas que les choses que nous chérissons qui méritent d'être traitées avec précaution. Les différents objets qui font partie de notre quotidien le méritent également. Aussi modeste soit notre intérieur et aussi nombreuse soit notre famille, chaque enfant a besoin de posséder certaines choses qui n'appartiennent qu'à lui et que personne n'utilisera sans sa permission.

Il faut également faire en sorte que nos enfants aient droit à leur intimité. Lorsqu'ils sont très jeunes, ils ont grand besoin qu'on les aide à s'habiller et à faire leur toilette et qu'on les accompagne à la salle de bains. Avec le temps, ils deviennent de plus en plus autonomes et, du même coup, ils commencent à éprouver une certaine pudeur de même qu'un plus grand besoin d'intimité. Nous devons informer nos enfants qu'ils ont droit à cette intimité et leur enseigner comment l'exiger au besoin. Par ailleurs, il faut également leur apprendre à respecter l'intimité des autres : frapper à la porte et attendre qu'on leur donne la permission d'entrer, par exemple. Cela permet aussi aux parents de s'assurer une certaine intimité.

Les préadolescentes ont particulièrement besoin de notre soutien et de notre compréhension. Lorsque leur corps commence à changer, elles peuvent réclamer un peu plus d'intimité et il importe alors que chaque membre de la famille respecte ce besoin. Si un frère ou une sœur, ou même un oncle ou une tante, se moque du sentiment de pudeur qui apparaît chez un enfant, il est de notre devoir de lui rappeler qu'aux yeux de celui ou de celle qui vit des changements, cela n'a rien d'amusant, et qu'il vaut mieux lui offrir notre appui et notre compréhension plutôt que de le ridiculiser.

Fais ce que je dis, pas ce que je fais

La relation qui marque le plus les enfants est probablement celle que leurs parents entretiennent entre eux. C'est donc à nos côtés qu'ils ont le plus de chances d'apprendre comment se vit le respect au jour le jour. Peu importe ce que nous leur disons sur la conduite à adopter, c'est la manière dont nous traitons notre conjoint ou conjointe qui les influence le plus.

Anne et Éloïse, des jumelles de huit ans, n'ont pas cessé de se chamailler de la journée. Leur mère finit par perdre patience et s'écrie : « Arrêtez de vous disputer, c'est insupportable ! »

Les deux fillettes lèvent les yeux, étonnées. Anne rétorque : « Mais papa et toi vous querellez sans arrêt. C'est la même chose. »

Leur mère est sans voix. Elle n'y a jamais songé auparavant, mais elle sait qu'Anne a raison.

Nos enfants nous observent quand nous nous parlons. Ils prêtent attention au ton de notre voix, à notre attitude et ils devinent les sentiments que nous n'exprimons pas toujours. Ce n'est pas qu'une simple question de dispute. C'est aussi la façon dont nous réglons nos différends, dont nous communiquons entre nous pour dissiper les malentendus et dont nous réagissons aux besoins de l'autre.

Nos enfants relèvent même les plus petites marques d'attention entre nous et ils apprennent par notre exemple comment traiter des êtres chers. Lorsque des termes de politesse comme « s'il vous plaît », « merci » et « de rien » sont utilisés couramment et naturellement, et que des questions attentionnées comme « Est-ce que je peux t'offrir quelque chose ? » ou « Est-ce que je peux t'aider ? » font partie du quotidien, les enfants comprennent qu'il y a bien des façons de se montrer prévenants, autant dans les grandes occasions que dans la vie de tous les jours.

Respecter la différence

Nos enfants grandiront dans un monde où ils seront appelés à côtoyer des gens de religions, de races et de cultures différentes. Nous pouvons mieux les préparer à respecter les droits et les besoins des autres en créant dans notre foyer un climat de gentillesse, de considération et de tolérance pour les différences individuelles. Avec le temps, nous espérons qu'ils percevront l'humanité en chaque personne qu'ils croiseront. Quelles que soient nos différences en tant qu'êtres humains, nous partageons tous, fondamentalement, les mêmes rêves et les mêmes désirs. Souhaitons que nos enfants découvrent que nous avons davantage de points en commun que de différences quant à nos besoins physiques, affectifs et spirituels.

À mesure que leur univers s'élargira et qu'ils témoigneront aux autres le respect qui leur est dû, nos enfants pourront s'attendre à être respectés à leur tour. S'ils grandissent dans un foyer où les gestes attentionnés et la considération font partie de la vie de tous les jours, ils n'auront aucun mal à faire preuve de respect et de tolérance à l'égard des gens dont ils croiseront la route au cours de leur vie. À travers les âges, les plus grands maîtres de toutes les religions de ce monde ont toujours soutenu que c'est au quotidien, par de simples gestes de gentillesse, que nous faisons notre marque à l'école de la vie.

Si un enfant vit dans la sécurité, il apprend à avoir confiance en lui et en ceux qui l'entourent

C'est à nous que nos enfants font naturellement confiance. Ils doivent savoir qu'ils peuvent toujours compter sur nous, quoi qu'il arrive : voilà ce que c'est que de vivre dans la sécurité. Lorsqu'ils ont la certitude que nous serons là pour répondre à leurs besoins, tenir compte de leurs sentiments et les respecter, ils apprennent à nous faire confiance. C'est aussi grâce à ce sentiment de sécurité et à notre soutien qu'ils développent leur confiance en eux.

Il y a quelque temps, j'ai assisté à un récital de piano où j'ai vu un garçon de dix ans s'attaquer vaillamment à l'un des morceaux de *Casse-Noisette*. Il ne s'était pas exercé suffisamment et, quand il a eu terminé, il était évident qu'il s'en rendait compte. Le public l'a quand même applaudi chaleureusement. Après avoir quitté la scène, le garçon s'est dirigé tout droit vers sa mère et s'est assis sur ses genoux. Installé confortablement, il y est resté pour écouter les quelques morceaux qui restaient.

Or, ce garçon était plutôt grand pour s'asseoir sur les genoux de sa mère et je sais qu'en fait, cette dernière est très stricte avec ses enfants concernant les exercices de piano. À cet instant-là, pourtant, rien de tout cela ne comptait plus pour elle. Le message qu'elle a transmis à son fils en l'accueillant sur ses genoux était clair et simple : « Je suis là pour toi, même lorsque tu fais un faux pas, et je n'ai pas peur ni honte de le montrer. »

Nos enfants ont besoin de savoir que nous serons toujours derrière eux et que nous leur offrons notre appui inconditionnel, quels que soient leurs performances ou les revers qu'ils subiront.

Avoir foi en la bonté

L a foi est un mot souvent utilisé, dans un contexte religieux ou spirituel, pour décrire le fait de croire en Dieu ou la confiance en l'univers dans lequel nous vivons. Il existe de nombreuses façons de concevoir la foi. Bien des gens qui ne se considèrent pas comme des personnes religieuses donnent au mot « foi » une signification toute personnelle et trouvent du réconfort dans une certaine forme de spiritualité. Certes, il a été démontré que les gens qui croient en quelque chose de plus grand qu'eux ont tendance à être moins affectés par le stress de la vie que ceux qui n'y croient pas. Mais considérons plutôt le mot « foi » au sens large, en songeant à la confiance que chacun a en ses propres valeurs et croyances et dans le monde dans son ensemble. Cette foi en la bonté du genre humain est d'une importance capitale, car elle nous permet d'aborder la vie avec optimisme et de faire confiance aux autres.

Une assurance à consolider

L es enfants renforcent leur confiance en eux petit à petit, au fil des années. Dès le jour où un bambin s'écrie : « Moi ! Tout seul ! », nous savons que le processus est amorcé. Notre tâche consiste à donner à nos enfants l'occasion de mettre leurs habiletés et leurs compétences à l'épreuve tout en les soutenant tandis qu'ils apprennent, tentent de nouvelles expériences et font quelques incursions dans l'insolite. L'équilibre est fragile ici. Afin que nos enfants grandissent avec un sentiment de sécurité, nous devons leur accorder suffisamment de temps et d'espace pour qu'ils expérimentent, fassent leurs propres apprentissages, échouent même, tout en demeurant disponibles pour les encourager, les guider et les aider en cours de route.

Cédric, qui a cinq ans, est bien bordé dans son lit lorsqu'il annonce à sa mère : « Je veux qu'on enlève les petites roues de mon vélo, d'accord ? »

« D'accord », dit sa mère. Le lendemain matin, ils enlèvent les stabilisateurs à l'aide d'un tournevis. Cependant, ce n'est pas aussi facile de rouler sans eux; Cédric manque d'équilibre, surtout lorsque sa mère lâche la selle et qu'il doit avancer seul.

Ce soir-là, le garçon demande à sa mère: «Pourrais-tu remettre les petites roues?»

«Bien sûr, répond sa mère. Nous le ferons demain matin.»

À son lever, Cédric se retrouve devant son vélo «de grand».

«Veux-tu essayer encore une fois avant que je remette les stabilisateurs?» demande sa mère comme si de rien n'était, sachant très bien que le prochain essai sera peut-être le bon.

«D'accord», approuve Cédric. Il est plutôt détendu, car l'attitude désinvolte de sa mère l'a convaincu qu'il n'a rien à perdre à faire une autre tentative.

Et ça y est: Cédric commence à rouler, les mains crispées sur le guidon et le sourire aux lèvres. Sa confiance en lui remonte en flèche. Sa mère a su trouver l'équilibre parfait: elle a acquiescé à la demande de son fils de remettre les stabilisateurs tout en lui lançant un défi pour qu'il essaie à nouveau. Elle n'a pas fait pression sur lui pour qu'il se comporte en «grand garçon» alors qu'il n'était pas prêt, mais elle lui a facilité la tâche en l'invitant à essayer «une dernière fois».

Est-ce que Cédric tombera? Bien sûr que oui. Nous tombons tous à l'occasion, particulièrement quand nous avons le courage de repousser nos limites. C'est dans ces moments-là que nous avons le plus besoin de notre confiance en nous afin de remonter sur le vélo.

Être prévisibles, fiables et conséquents

Nos enfants comptent sur nous pour être fidèles à nos promesses et pour les avertir si nous ne pouvons pas les tenir. Ils croient ce que nous leur disons et s'en remettent à nous pour la suite des événements. Si nous tenons parole la plupart du temps, ils apprennent qu'ils peuvent compter sur nous.

Nous faisons d'innombrables promesses à nos enfants. Nous n'avons peut-être pas l'impression de leur promettre quoi que ce soit, mais les enfants, eux, le perçoivent ainsi. Quand nous leur disons que nous irons les chercher à telle heure, ils s'attendent à ce que nous soyons là. Si nous sommes constamment en retard ou distraits, nos enfants retiendront qu'ils ne peuvent pas se fier à nous et ils se sentiront négligés, avec raison.

Lorsque nous sommes retardés par un imprévu de dernière minute, il faut se donner la peine de téléphoner à nos enfants pour les en informer. Nous devrions leur manifester la même considération que nous aurions pour un client ou pour notre patron. Les enfants qui attendent longtemps et qui sont toujours les derniers cueillis ont la mine triste. On peut les voir tenter de dissimuler leur déception et leur inquiétude, mais sans grand succès.

La leçon de natation est terminée à la piscine municipale et la mère d'Adèle est encore en retard. La fillette de sept ans pousse un soupir de soulagement en montant dans la voiture. Sa mère s'excuse et entreprend d'expliquer pourquoi elle est à nouveau en retard. Adèle ne dit pas grand-chose ; elle a le regard perdu dans le vague. Elle a renoncé à faire confiance à sa mère. À ce stade, il est plus important pour elle de diminuer ses attentes et de s'épargner de nouveaux sentiments d'insécurité et de déception que de donner une autre chance à sa mère. Cette dernière n'est pas fiable et Adèle l'a compris. Elle s'est adaptée à la situation, mais à quel prix. Les retards perpétuels de sa mère ont eu pour conséquence de porter atteinte à la fois à l'opinion qu'Adèle a de sa mère et à la sienne. Après tout, se dit la fillette, si elle comptait réellement aux yeux de sa mère, est-ce que celle-ci ne verrait pas à quel point c'est pénible pour elle d'être toujours la dernière à attendre ? Ne ferait-elle pas quelque chose pour remédier à la situation ?

Récemment, j'ai entendu par hasard la conversation de quelques filles de quatrième année qui planifiaient une sortie au cinéma. L'une d'elles a dit à une autre : « Demandons à ta mère de nous conduire. Comme ça, on sera certaines d'arriver à temps. » Toutes les filles ont approuvé d'un signe de tête. Elles savaient exactement sur quelle mère elles pouvaient le plus compter.

Être conséquents, pas inflexibles!

Il est important de fournir un environnement sécurisant à nos enfants. Il y a tellement d'inconnu dans leur vie, tellement de choses nouvelles à apprendre qu'ils trouveront un réconfort certain à vivre dans un foyer accueillant et sans surprise. Cela dit, il y a toujours place pour des moments de plaisir spontanés.

La tante de Sabrina vient souper un samedi soir. Vers vingt heures, elle promène son regard autour d'elle dans le salon et demande: «Quelqu'un est partant pour une sortie au cinéma?»

Les parents de Sabrina sont confortablement installés sur le canapé. Sabrina, qui a onze ans, s'anime. «Oui, moi!» dit-elle avec enthousiasme.

«Est-ce qu'il n'est pas un peu tard? demande sa mère. Habituellement, les films commencent vers dix-neuf heures.»

La jeune fille adresse un regard implorant à sa mère. «Sabrina et moi, dit sa tante, on n'a qu'à aller voir la représentation de fin de soirée. Si on part tout de suite, on aura le temps de faire du lèche-vitrine au centre commercial et peut-être même de manger un cornet de crème glacée.»

«La représentation de fin de soirée?» répète le père de Sabrina. Il est sur le point de protester, mais il se ravise. Sabrina se couchera sans doute beaucoup plus tard qu'à l'habitude, mais il n'y a pas d'école le lendemain. En outre, cette sortie imprévue représente une excellente occasion pour Sabrina de se rapprocher de sa tante. Il se tourne donc vers son épouse et dit: «Pourquoi pas? Elle pourra faire la grasse matinée demain matin et, en prime, ça lui permettra de passer du temps avec Suzanne.»

«D'accord!» dit la mère de Sabrina. Mais rentrez tout de suite après le film. Et amusez-vous bien!»

Les routines sont importantes: elles constituent un bon moyen d'aider nos enfants à acquérir un sentiment de sécurité. Malgré tout, il est essentiel de permettre à nos enfants, à l'occasion, de faire une entorse à leur horaire habituel. Bien souvent, ils se souviendront toute leur vie de ces moments excitants qui sortent de l'ordinaire.

Sabrina rentre à la maison vers minuit. Elle a beaucoup aimé le film, le temps passé avec sa tante et même l'air de la nuit. «On dirait que ça ne sent pas la même chose que le jour, dit-elle. L'air est plus pur!» Elle étreint ses parents et les remercie de l'avoir laissée sortir.

Aider nos enfants à croire en eux

Pour agir, nos enfants doivent avoir confiance en eux et en leur conception des choses. S'ils doutent de leurs propres décisions ou d'eux-mêmes, ils auront beaucoup de mal à devenir sûrs d'eux. L'un des moyens les plus efficaces pour les aider à renforcer cette confiance consiste à leur montrer que *nous* avons confiance en eux.

Un garçon de dix ans prénommé Dominic appelle ses parents du camp de vacances pour leur donner des nouvelles. «L'un de mes compagnons de chambre m'a invité à faire du kayak avec lui, mais quand je suis arrivé au lac, il faisait déjà équipe avec un autre, raconte-t-il. Ensuite, il m'a emprunté mon couteau suisse et il ne me l'a pas remis. Et pour finir, il m'a dit que j'ai l'air d'un canard quand je cours.»

Au bout du fil, à quelque cent kilomètres de là, le père de Dominic écoute son fils attentivement. Il a envie de sauter dans sa voiture, de rouler jusqu'au camp et d'avoir une conversation avec le directeur. Mais il respire profondément et demande à son fils: «Qu'est-ce que tu comptes faire pour arranger les choses?»

«Eh bien, répond Dominic, j'ai fait du kayak avec un autre. Et si je ressemble à un canard, c'est sûrement un canard très rapide, car j'ai terminé troisième au cent mètres.»

«Bravo!» dit son père.

«Il ne me reste qu'à lui demander de me redonner mon couteau, poursuit Dominic. J'en ai besoin pour la grande randonnée de demain. S'il refuse de me le rendre, j'irai en parler à l'un des moniteurs.»

«Tu vas le récupérer», ajoute son père pour le rassurer.

Dominic ne doute pas de son opinion : il est convaincu que le comportement de son compagnon de chambre est inacceptable et il a suffisamment confiance en lui-même pour vouloir remédier à la situation. Je sais qu'il paraît évident que c'est la chose à faire, mais il y a certains enfants qui choisiraient d'ignorer le problème parce qu'ils n'ont pas assez confiance en eux pour tenter de le régler. Le père de Dominic a prouvé à son fils qu'il avait confiance en lui en le croyant capable de gérer la situation lui-même.

Nous voulons que nos enfants aient confiance en eux et en leur entourage. Nous espérons qu'ils auront des attentes positives par rapport aux autres tout en sachant reconnaître les comportements inacceptables. Enfin, nous souhaitons qu'ils deviennent des personnes sur qui l'on peut compter et qu'ils soient fidèles à leurs promesses.

Avoir confiance en l'avenir

Nous ne serons pas toujours là pour nos enfants au cours de leur vie. Toutefois, si nous réussissons à leur inculquer un solide sentiment de sécurité durant leur enfance, ils en retireront toujours les bénéfices à l'âge adulte. En les aidant à croire en eux, nous leur donnons la confiance dont ils ont besoin pour se sentir en sécurité et pour devenir un jour de bons parents pour nos petits-enfants.

Voilà un cadeau inestimable pour leur avenir. La confiance en eux de nos enfants les guidera dans leur choix de carrière, les incitant à prendre des risques, à assumer des responsabilités et à ne pas douter de leurs décisions. Leur confiance dans les autres leur permettra de tomber amoureux, de ne pas craindre l'engagement et de fonder une famille.

Sans cette précieuse confiance en eux, nos enfants éprouveront de la difficulté à profiter de la vie, même lorsque tout ira bien, et ils auront encore plus de mal à relever les défis qui se présenteront à eux. En revanche, s'ils croient en leurs capacités, en leur bonne volonté et en leurs compétences en général, il y a peu d'objectifs qu'ils ne parviendront pas à atteindre une fois décidés.

Nous pouvons contribuer à rehausser l'estime de soi de nos enfants. C'est une lourde responsabilité, mais il est très facile de s'en acquitter, en fait. Il suffit de croire en nos enfants et en leurs bonnes intentions, et de leur faire savoir, sans l'ombre d'un doute, que nous avons pleinement confiance en eux. Ils se chargeront du reste.

Si un enfant vit dans la gentillesse, il apprend que le monde est un endroit où il fait bon vivre

L a famille est le premier univers de nos enfants. Par des milliers de petits gestes anodins que nous faisons au quotidien, c'est nous qui leur transmettons nos valeurs, qui leur apprenons comment se comporter et qui leur enseignons ce qu'ils peuvent espérer de la vie. Souvent, c'est lorsque nous avons le moins conscience d'être observés que nos enfants captent les messages les plus significatifs à propos de nos valeurs et de notre comportement.

À quel point ce monde que nous présentons à nos enfants est-il chaleureux? Nous adressons-nous à eux poliment, avec un minimum de courtoisie? Les acceptons-nous tels qu'ils sont au lieu d'essayer d'en faire les personnes que nous souhaiterions qu'ils soient? Leur laissons-nous le bénéfice du doute en présumant qu'ils ont généralement de bonnes intentions? Manifestons-nous de la curiosité et de l'enthousiasme lorsqu'ils ont de nouveaux intérêts?

Un monde chaleureux, c'est un milieu où les efforts des enfants sont encouragés, reconnus et loués; où leurs erreurs, leurs défauts et leurs différences individuelles sont tolérés; où ils sont traités avec équité, patience, compréhension, gentillesse et considération. Bien sûr, il y a des moments où nous devons exercer notre autorité parentale, mais nous pouvons le faire de façon affectueuse et chaleureuse, quoique ferme, plutôt que de manière autoritaire et froide. Il est possible de créer un climat familial qui soit d'un grand soutien et d'avoir des attentes positives pour nos enfants tout en leur imposant certaines limites.

Plus tard, nos enfants s'inspireront de la vie de famille qu'ils auront connue au quotidien pour recréer ce mode de vie dans leur propre foyer. Aussi, nous devons établir des relations saines avec nos enfants, des relations qui résisteront aux inévitables frictions familiales et qui survivront au passage à l'âge adulte. Nous voulons que nos enfants soient heureux d'être réunis à l'occasion des fêtes ou des célébrations familiales, surtout lorsqu'ils auront fondé une famille à leur tour. Enfin, nous souhaitons qu'ils grandissent avec une attitude positive qui les aidera à faire leur place dans le monde et à profiter de ce que celui-ci a à offrir.

Tisser un réseau d'entraide familial

Nous considérons souvent comme banales les innombrables interactions que nous avons chaque jour entre membres d'une même famille. Elles sont pourtant l'occasion de développer notre capacité de nous entendre avec les autres. Tout comme nos enfants prennent exemple sur nous, la société prend modèle sur la famille. À bien des égards, les situations auxquelles nos enfants feront face un jour, que ce soit dans le voisinage, à l'école, au travail ou dans la communauté, sont comparables à celles qu'ils vivent dans leur milieu familial. À force de négocier l'utilisation de la salle de bains, de l'ordinateur, du téléviseur ou de la voiture, et à mesure que nous apprenons à partager ces commodités, nous en venons à mieux comprendre la signification du mot « responsabilité » et à quel point nous dépendons vraiment les uns des autres.

Prenons l'exemple du nettoyage de la cuisine lors d'un dîner de famille. Ce matin, c'était le travail de Joël, qui a neuf ans, de vider le lave-vaisselle après le déjeuner ; mais dans la frénésie des préparatifs, il a oublié. À midi, c'est tout le déroulement du dîner qui s'en trouve perturbé. Sa sœur aînée, Sarah, a déjà commencé à débarrasser la table, mais il n'y a pas de place pour mettre la vaisselle sale ; celle-ci se retrouve empilée un peu partout sur le comptoir de la cuisine. Leur mère essaie de transvider les restes du repas dans des contenants pour le congélateur, mais elle n'a nulle part où s'installer. Tante Lucie s'installe à l'évier et commence à laver les casseroles. Pendant ce temps, la vaisselle sale s'incruste et tout le monde se marche sur les pieds dans la cuisine. Le père de Joël et de Sarah s'apprête à servir le café; il a besoin d'une dizaine de tasses, mais elles sont encore toutes dans le lave-vaisselle. Bref, il s'agit d'une tranche de vie typique dans le monde chaotique de la famille.

La mère de Joël identifie rapidement la source du problème et elle appelle son fils dans la salle à manger: «Joël, on a besoin de toi pour vider le lave-vaisselle. On a de gros ennuis ici.»

Le garçon se lève promptement en se rendant compte qu'il a oublié de s'acquitter de cette tâche en ce jour si important. Il s'empresse de vider le lave-vaisselle, avec un peu d'aide de sa sœur, et bientôt, le bouchon qui paralysait la cuisine se résorbe.

Grâce à cet incident, Joël peut facilement constater à quel point son comportement affecte le reste de la famille. Bien que cet exemple soit particulièrement flagrant, l'interdépendance des membres d'une même famille demeure un fait indéniable dans la vie de tous les jours. En s'habituant à collaborer avec les autres dans une ambiance cordiale, nos enfants seront en mesure de mieux s'intégrer à la société. Plus ils auront de facilité à unir leurs efforts à ceux des autres dans un même but, plus ils seront appréciés de leurs amis, voisins et collègues de travail, et plus le monde leur paraîtra accueillant. Enfin, s'ils apprennent à contribuer avec grâce et générosité à l'enrichissement du milieu, quel qu'il soit, dans lequel ils font leurs débuts, ils joueront effectivement un rôle-clé dans la création d'un monde meilleur.

Saisir les occasions d'élargir ce réseau

La structure de la famille est en pleine évolution. De moins en moins d'enfants grandissent avec leurs deux parents. Bon nombre d'entre eux sont élevés par une mère ou un père célibataire, par leurs grands-mères ou d'autres membres de la famille, tandis que d'autres ont deux mères et deux pères. Peu importe la composition de la famille, l'essentiel, pour nos enfants, est de savoir qu'ils sont aimés.

Plus il y aura d'adultes gentils et attentionnés qui graviteront autour de nos enfants, mieux ils s'en porteront. Ces derniers gagnent à multiplier les contacts réguliers avec les membres de la famille étendue ainsi qu'avec les amis proches. Puisque nous ne pouvons pas combler tous les besoins de nos enfants sans exception, c'est un atout que d'avoir des amis et des membres de la famille qui sont prêts à consacrer du temps à nos enfants, ajoutant une perspective nouvelle à leur vie ou les faisant profiter de leurs propres talents.

Caleb, âgé de neuf ans, éprouve des difficultés à construire son modèle réduit d'avion. Il a besoin de l'aide d'un adulte, mais son père a trop à faire et, franchement, il n'a tout simplement pas la patience. Son grand-père, par contre, est heureux de passer du temps avec lui et il savoure chaque instant passé à coller des pièces d'avion avec son petit-fils.

Des moments de cette qualité passés en compagnie de personnes âgées permettent aux enfants de se sentir entourés d'amour et de sagesse. Souvent, les grands-parents ont davantage de temps à accorder à leurs petits-enfants qu'ils n'en avaient pour leurs propres enfants. Ils sont moins occupés qu'ils ne l'étaient alors et peut-être ont-ils revu leurs priorités et décidé de consacrer plus de temps à leur famille qu'à leur travail. Je donne un atelier de vie de famille destiné aux grands-parents et cela m'a permis de constater que les grands-mères ont souvent besoin de parler de ce qu'elles ont l'impression d'avoir négligé lorsqu'elles élevaient leurs enfants. L'un des regrets qu'elles expriment le plus souvent est le suivant: «J'aurais dû passer plus de temps à jouer avec mes enfants au lieu de courir ici et là sans arrêt.» Elles se rendent compte que le fait de prendre le temps de jouer avec ses enfants et de développer une relation harmonieuse avec eux consiste en une activité enrichissante et apaisante qui peut profiter à toute la famille.

La famille étendue peut également jouer le rôle de filet de sécurité pour nos enfants. Plus il y a de personnes autour d'eux, plus le tissage est serré et plus nous serons en mesure de bien soutenir nos enfants dans les moments difficiles.

Jacinthe, la tante de Marlène, aime bien surprendre sa nièce de douze ans en allant la chercher à l'école. Elle l'emmène manger un cornet de crème glacée ou boire un chocolat au lait. Parfois, elle accompagne Marlène et ses copines à la piscine. Un jour, elle les a emmenées voir une comédie musicale. Lorsque Marlène s'est attiré des ennuis à l'école avec d'autres élèves et qu'elle hésitait à en parler à ses parents, c'est vers sa tante qu'elle s'est tournée. Jacinthe était disponible et prête à l'écouter. Plus important encore, elle aime Marlène et celle-ci a confiance en elle. Cela peut être rassurant pour les parents qui ont la chance d'avoir des proches sur qui compter de savoir que, lorsque leurs enfants sont réticents, pour une raison ou pour une autre, à leur confier leurs problèmes, ils auront quelqu'un d'autre à qui demander conseil, quelqu'un de mature qui a leur intérêt à cœur.

Ceux qui n'ont pas de famille à proximité ou qui, malheureusement, ne sont pas en bons termes avec leurs proches, peuvent quand même établir un réseau d'amis susceptibles de les aider à s'occuper de leurs enfants ou de les garder à l'occasion. Lors d'un de mes séminaires, une femme a raconté son expérience au groupe. «Après la mort de ma mère, l'une de ses amies a commencé à nous rendre visite à la maison. Nous venions juste d'avoir un bébé et cette dame, qui n'avait pas de petits-enfants, s'est prise d'affection pour notre petite fille. Sa présence me rapprochait de ma mère, d'une certaine façon, et j'appréciais grandement ses visites. La relation résultant de cette «adoption» mutuelle s'est poursuivie tout au long de l'enfance de ma fille.»

Les liens profonds que nous créons avec nos proches et nos amis à l'extérieur de la famille nucléaire ouvrent de nouveaux horizons à nos enfants. Un large réseau d'adultes aimants peut contribuer à enrichir la vie de nos enfants en éveillant leur curiosité, en leur proposant des activités excitantes qui sortent de l'ordinaire et en les assurant que des adultes autres que leurs parents croient en eux. Chaque individu ayant ses propres talents et perspectives à offrir, nous pouvons conclure que, plus il y a d'adultes bienveillants qui s'impliquent activement dans la vie de nos enfants, plus ces derniers prendront un bon départ dans la vie.

Célébrer la famille

Les fêtes familiales sont très importantes pour les enfants. Tous les membres du clan se retrouvent, les enfants s'amusent et les adultes n'en reviennent pas de voir à quel point ils ont grandi et comme ils sont intelligents, beaux et forts. Les enfants, bien sûr, sont embarrassés de toutes ces attentions, mais ils n'en perçoivent pas moins le message qu'ils sont aimés, chéris et admirés, même s'ils sont pressés de retourner jouer.

Au fil des années, ces rassemblements les aideront à acquérir un profond sentiment d'appartenance qui leur sera d'une grande utilité lorsqu'ils quitteront le nid familial pour aller explorer le monde. Les réunions de famille sont prétexte aux rituels, lorsque nous honorons nos traditions ethniques et culturelles, notamment, ou que nous nous racontons des anecdotes du temps passé. Les enfants aiment bien entendre le récit de nos frasques de jeunesse. Grâce à ces histoires, ils apprennent des choses intéressantes à notre sujet et ils profitent du fait que nous leur brossons un tableau de cette époque lointaine pour mieux l'imaginer. Ces anecdotes peuvent également les aider à mieux percevoir les effets du temps qui passe et à mieux comprendre la notion de vieillissement qui fait que, tout comme leurs parents ont déjà été des enfants, ils seront un jour parents à leur tour.

De plus, les célébrations familiales peuvent être l'occasion, pour nos enfants, de nous découvrir sous un nouveau jour. Ils sont étonnés, ravis même, lorsque nous faisons quelque chose d'inattendu : enlever nos chaussures pour danser au son de vieux succès ou omettre de leur rappeler qu'il est l'heure d'aller au lit, par exemple. La vie elle-même devient une fête !

Au retour d'une réunion de famille, Martin demande à son père : « Savais-tu que tu es l'oncle préféré de Jean ? »

Le père de Martin sourit : «Oui, je m'en doutais», dit-il.

«Moi, ça m'a surpris!» dit le garçon. Depuis qu'il a appris que son père comptait autant pour son cousin préféré, Martin éprouve encore plus de respect pour son père.

Les rassemblements familiaux permettent aussi aux enfants de mieux saisir le passage du temps et le fait qu'ils grandissent. Nous prenons souvent des photos à l'occasion de ces événements spéciaux et, en les comparant d'une fois à l'autre, nos enfants peuvent constater à quel point ils ont grandi, surtout s'il s'agit d'une réunion annuelle. Parfois, il peut être amusant de photographier une nouvelle génération en respectant l'arrangement d'une photo de famille ancienne particulièrement réussie. Petits et grands auront du plaisir à recréer les poses et à comparer les photos une fois développées.

Dans les réunions de famille, enfin, il arrive que nous respections certains rituels qui peuvent être transmis d'une génération à l'autre. Dans ma famille, par exemple, nous allumons une bougie pour représenter chaque personne qui ne peut pas être là. Avant de commencer le repas, nous nous tenons par la main autour de la table et nous gardons un moment de silence au cours duquel nous avons une pensée chaleureuse pour les absents.

Créer l'événement... pour le plaisir de la chose

Nul besoin d'attendre une occasion spéciale pour créer une atmosphère de fête. Parfois, avec un peu d'imagination, on peut transformer une journée qui s'annonçait des plus mornes en un événement mémorable.

Les vacances de Noël tirent à leur fin et une mère cherche un moyen d'occuper ses quatre enfants et leur cousin en visite. Ceux-ci en ont déjà assez de leurs nouveaux jouets, ils se tapent sur les nerfs et ils en ont ras le bol du temps glacial. «J'ai une idée, dit-elle un soir. Si on faisait un *beach party*?» Les enfants, dont l'âge varie de quatre à onze ans, la regardent comme si elle avait perdu la tête.

«Tu veux rire?» demande le plus âgé.

«Pas du tout. D'abord, il faut tout planifier.» Aussitôt, la mère entreprend de rédiger une liste d'idées de menus et de choses à apporter.

«Mais on gèle dehors», fait remarquer l'un des enfants.

«On fera notre *beach party* à l'intérieur, explique sa mère. Et on bronzera à la lueur des lampes!»

Les enfants se laissent gagner par son enthousiasme et commencent à discuter de ce qu'ils porteront, des jouets qu'ils apporteront, des disques compacts qu'ils écouteront et, bien sûr, de ce qu'ils mangeront. Leur mère leur promet de préparer des hot dogs.

Le lendemain est une journée particulièrement froide, mais la mère règle le thermostat en conséquence et le père fait du feu dans le foyer du séjour. Tous aident à pousser les meubles contre les murs afin qu'il y ait suffisamment d'espace pour les serviettes de plage et la glacière. Le père ouvre un parasol, gonfle un ballon de plage, fait tourner un disque compact des Beach Boys et tout est en place. Les enfants mettent leur maillot de bain et leurs lunettes de soleil et s'enduisent d'une crème solaire au parfum exotique en gloussant de plaisir. Ils s'amusent follement à faire griller les pains et les saucisses enfilés sur des cintres qu'on a transformés en broches pour l'occasion. Les enfants rient, jouent et dansent ensemble. Une fois le *beach party* terminé et tout le monde «rentré», les enfants répètent à quel point ils ont apprécié leur petite évasion. L'aîné déclare: «C'était super!» tandis que le plus jeune demande: «Est-ce qu'on peut le refaire demain?»

Il est important que nos enfants sachent qu'ils peuvent avoir du plaisir avec leur famille. Nous ne voulons pas qu'ils aient l'impression de devoir toujours aller ailleurs pour s'amuser. Lorsque nos enfants constatent que le rire, le plaisir, la chaleur et l'intimité font partie de la vie de famille, ils sont heureux de passer du temps avec nous. Cela se répercutera sur leurs habitudes, dans un avenir proche et lointain. À l'adolescence, au moment où ils commencent à faire preuve d'indépendance, ils seront davantage portés à venir vers nous pour nous demander conseil ou discuter. Et lorsqu'ils fonderont une famille à leur tour, ils sauront comment créer de nouvelles traditions familiales.

Construire un pont entre le passé et l'avenir

Le climat général de notre vie de tous les jours laissera une empreinte sur les souvenirs que nos enfants garderont de la vie familiale. Les expériences qu'ils auront vécues et les relations qu'ils auront nouées imprégneront leurs rapports avec les autres, leur vie de couple, leur propre famille et leur avenir dans l'ensemble.

Comme je l'ai souvent répété, c'est ce que nous faisons avec nos enfants qui compte, beaucoup plus que ce que nous pouvons dire ou croire, même. C'est par notre comportement que nous transmettons nos valeurs à la nouvelle génération. Jour après jour, nos enfants nous observent et ce qu'ils retiendront de notre façon de vivre leur servira de modèle durant toute leur vie, influençant leurs enfants du même coup. Nous pouvons considérer ces marques d'affection comme faisant partie d'une sorte de chaîne d'amour qui s'étend à la fois vers le passé et vers l'avenir, rejoignant ainsi toutes les générations.

En créant un milieu où nos enfants sont encouragés, tolérés et louangés, où ils reçoivent notre acceptation, notre approbation et notre reconnaissance, où ils peuvent partager en toute honnêteté et s'attendre à être traités avec équité, gentillesse et considération en retour, nous leur assurons un bon départ dans la vie tout en améliorant la qualité de vie de ceux qui les entourent.

Ne nous attendons à rien de moins que le meilleur de nos enfants, de tous les enfants, en fait: ceux qui habitent notre rue, ceux que nous croisons en ville et ceux qui vivent au loin. Rendons-leur la tâche facile pour qu'ils puissent donner le meilleur d'eux-mêmes. Après tout, c'est notre quartier, notre ville, notre pays, notre planète. Faisons le nécessaire pour que nos enfants connaissent un avenir qui verra se dissiper graduellement la peur, la colère, les préjugés et l'intolérance, un avenir qui favorisera l'acceptation au sein de l'humanité de chaque être humain dans ce monde.

Ouvrons la voie à nos enfants pour qu'ils considèrent le monde sous son meilleur jour et qu'ils trouvent du plaisir à y évoluer et à en faire un endroit où il fait bon vivre.

Achevé d'imprimer en novembre 2003 sur les presses de
Payette & Simms inc. à Saint-Lambert (Québec)